AF548121

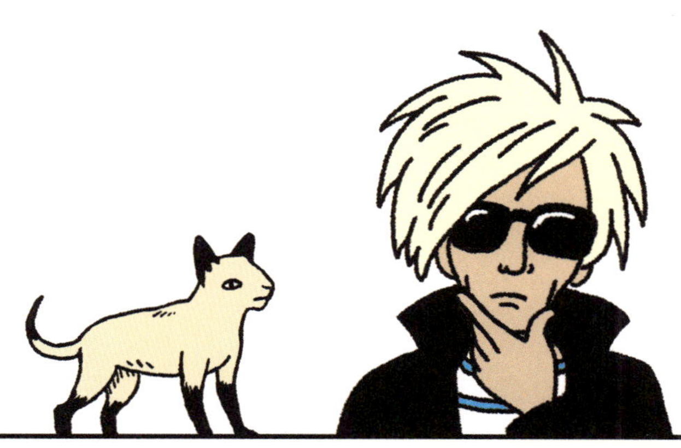

WO IST WARHOL?

CATHERINE INGRAM & ANDREW RAE

DIAPHANES

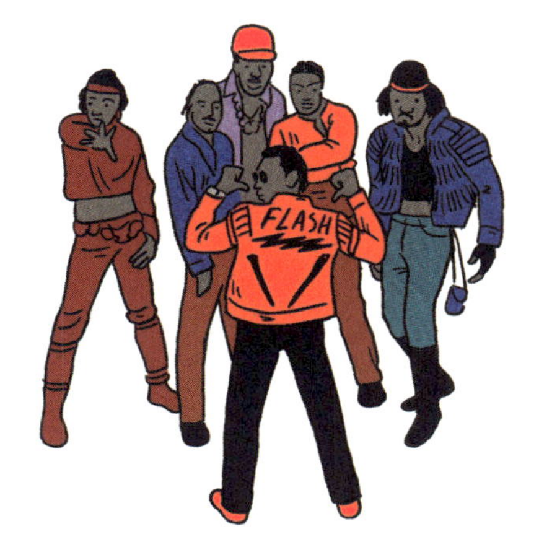
FLASH

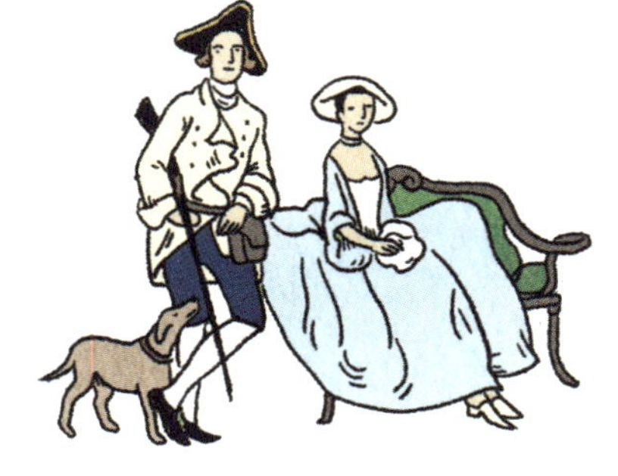

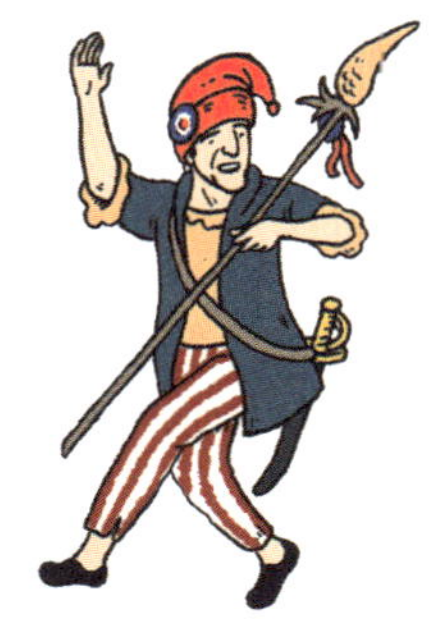

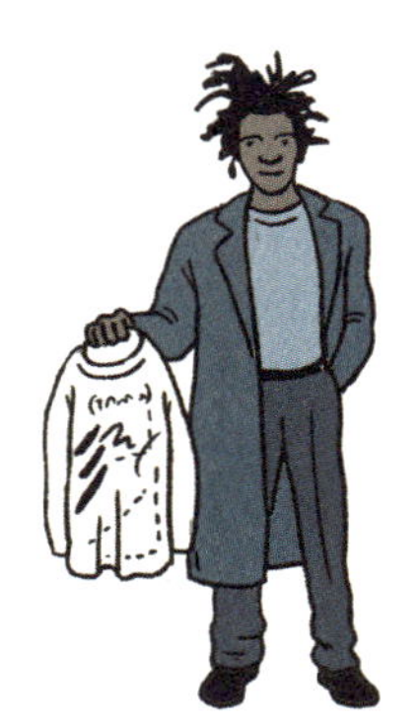

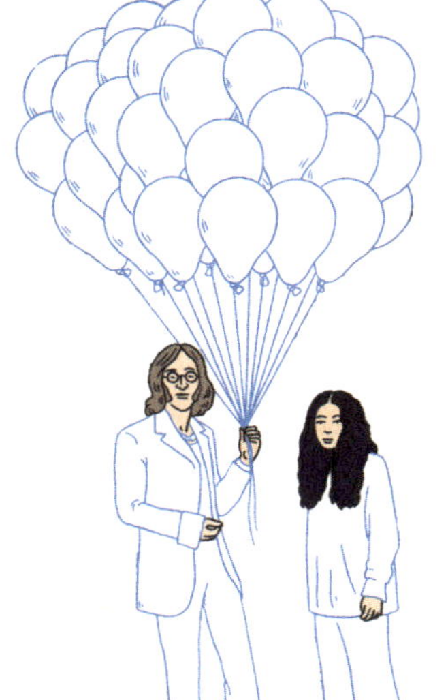

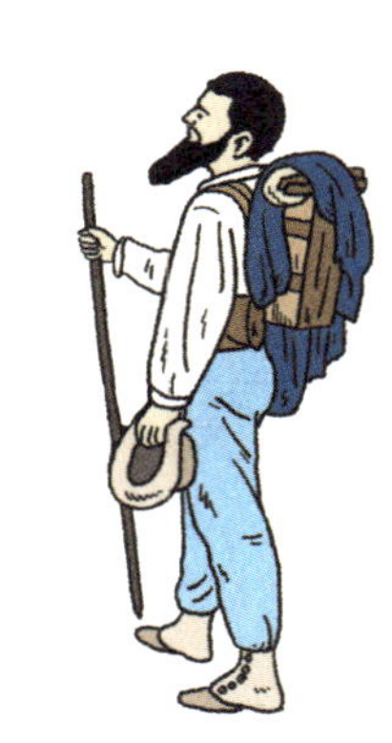

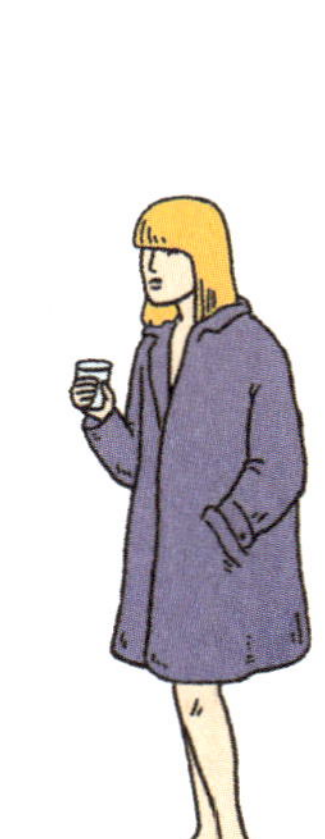

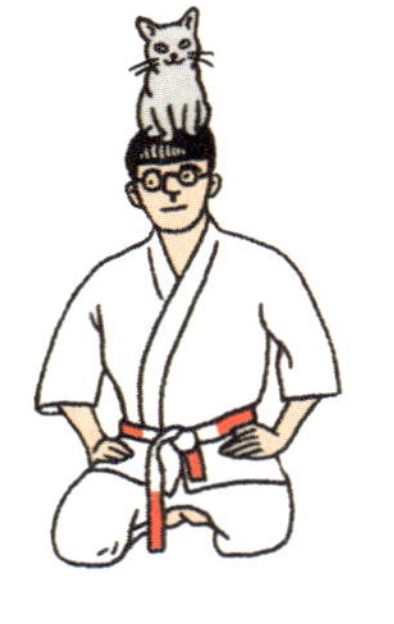

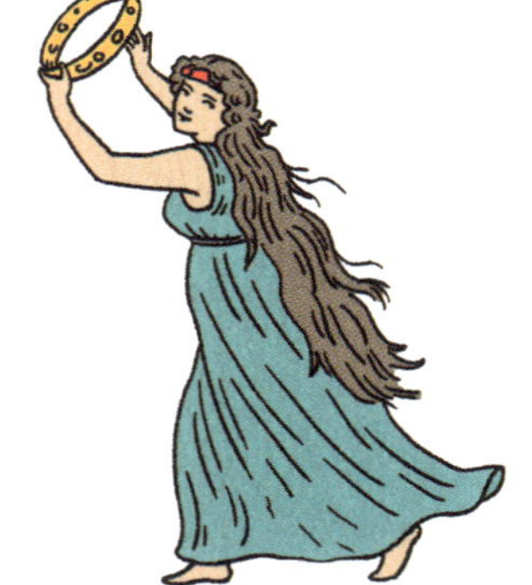

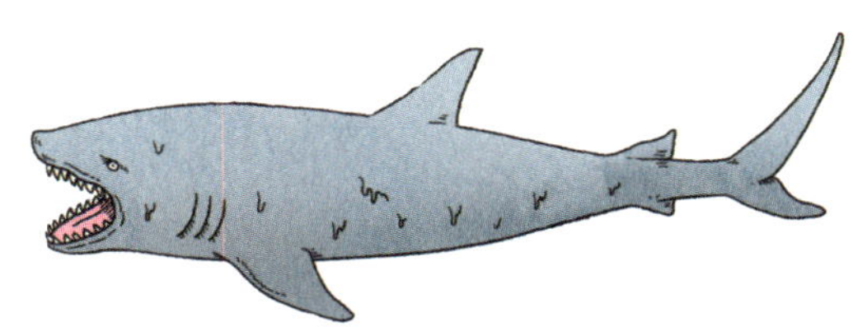

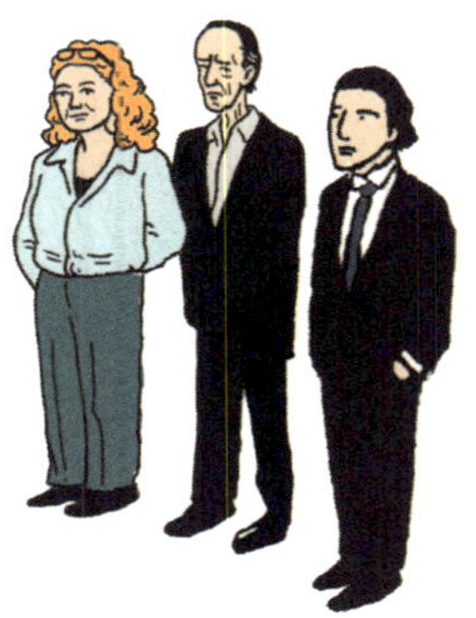

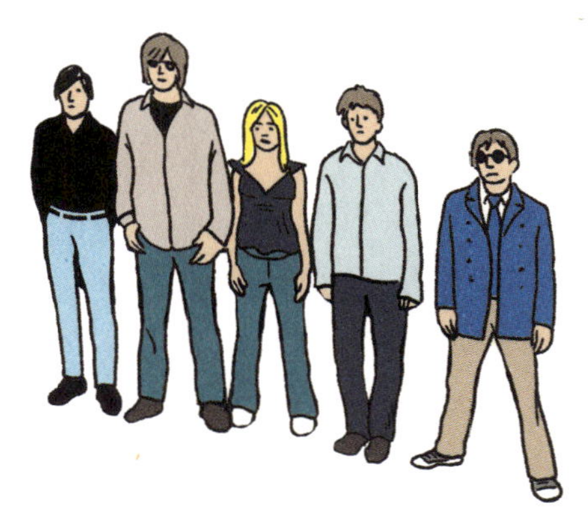
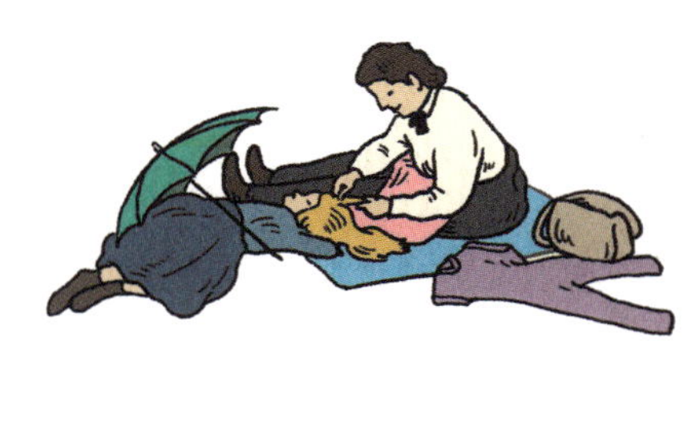
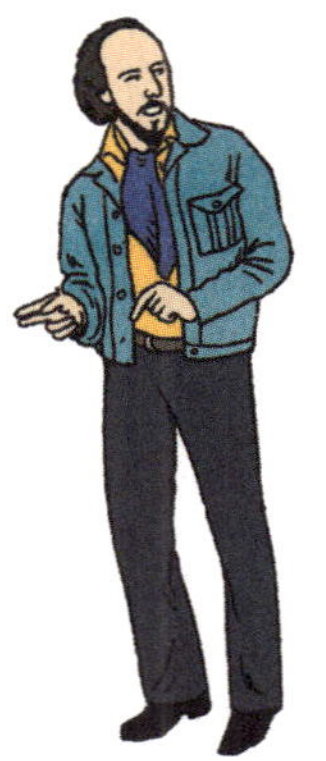
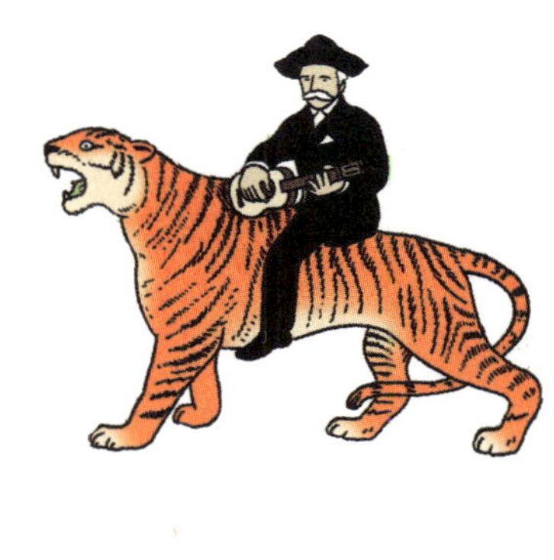
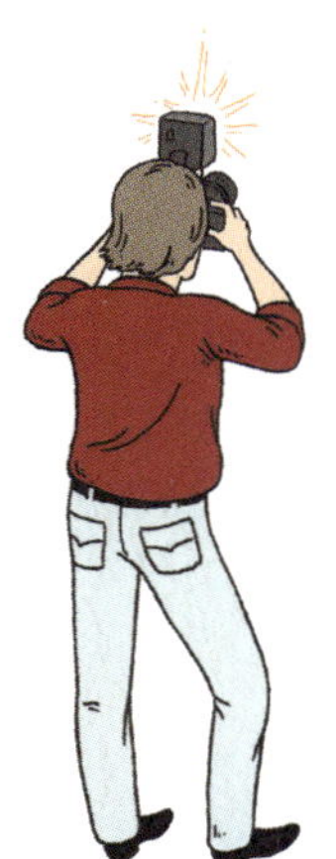
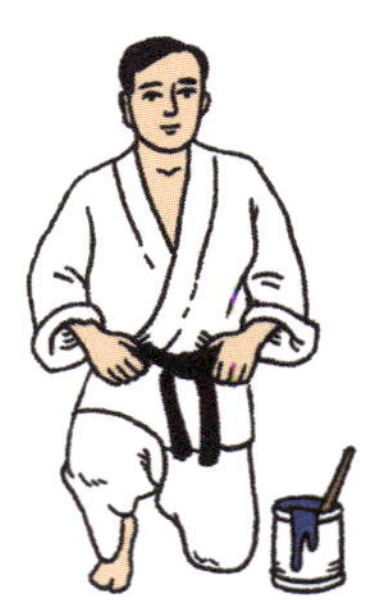

ANDY WARHOL besaß ein sicheres Gespür für die Potenziale der Popkultur und schaffte es immer wieder, sich selbst ins Zentrum kultureller Moden zu stellen, während sie gerade am angesagtesten waren. In der aufblühenden Londoner Kunstszene der sechziger Jahre bewegte er sich wie ein Fisch im Wasser. Er war Stammgast im New Yorker Nachtclub Studio 54, während dieser in den dekadenten Siebzigern seine Hochphase erlebte. Er freundete sich genau zur rechten Zeit mit Jean-Michel Basquiat an, als der Graffiti-Künstler Anfang der achtziger Jahre zur Ikone einer neuen New Yorker Szene wurde.

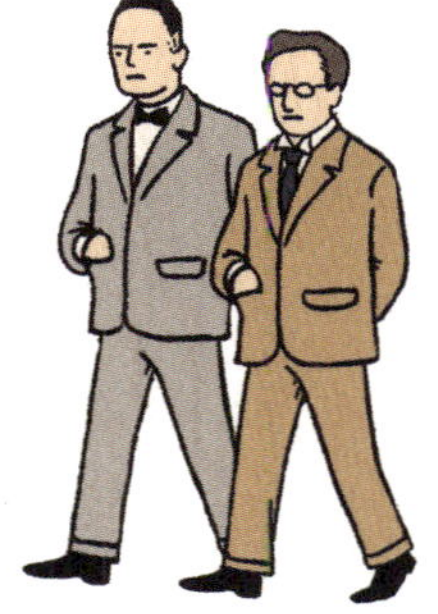

Wo ist Warhol? feiert die pulsierenden Szenen, die Andy Warhol erkundet hat, und versetzt ihn mitten hinein ins Gewühl – wo man ihn suchen und finden kann.

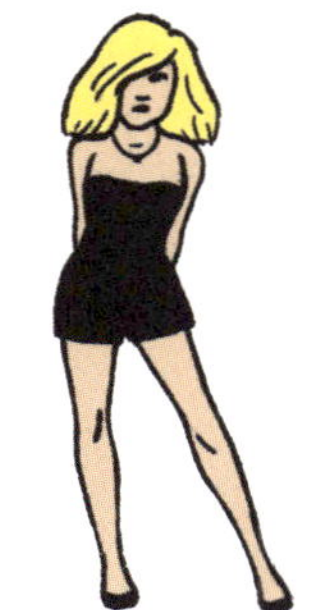

Folgt Andy Warhols feiner Nase für aufkommende Trends auf eine Zeitreise in die kulturellen Milieus der nahen und ferneren Vergangenheit! Ob ihr ihn wohl findet, wie er in den antiken Ruinen von Pompeji umherstreift? Oder wie er am Bauhaus durch die Korridore wandert? Und wo steckt er bloß in der Sixtinischen Kapelle?

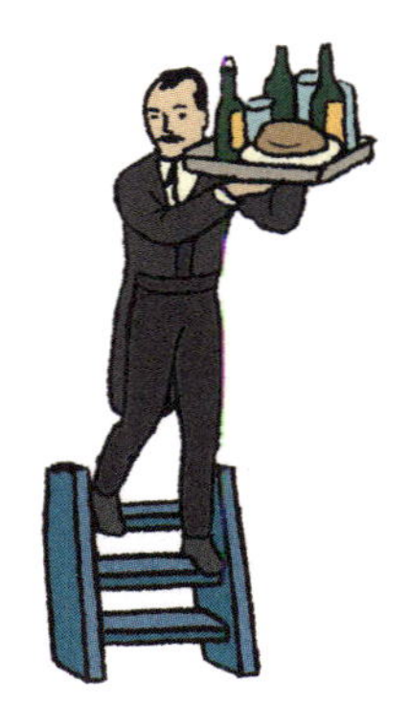

Findet Warhol in zwölf verschiedenen Szenarien und blättert dann ans Ende des Buches, wo ihr lauter berühmten Persönlichkeiten begegnen könnt (vielleicht habt ihr sie schon auf den großen Bildern entdeckt?), die diesen Schauplätzen der Kunstgeschichte ihren Stempel aufgedrückt haben.

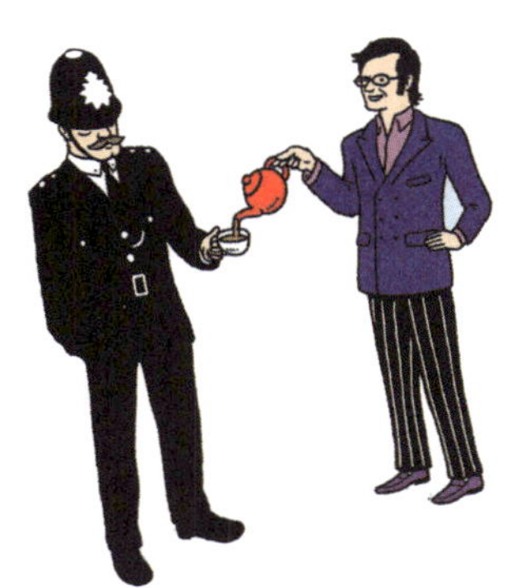
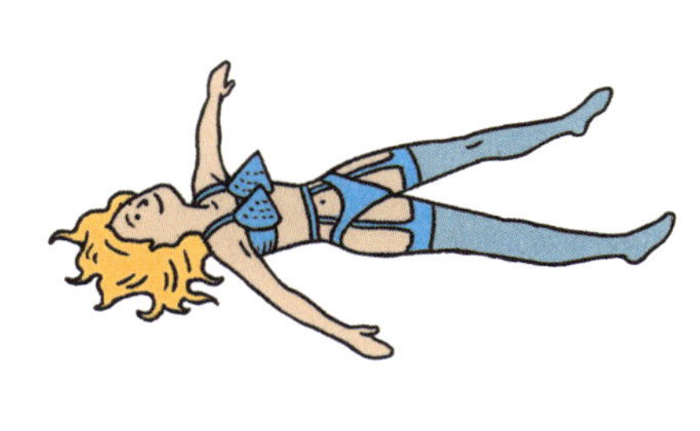
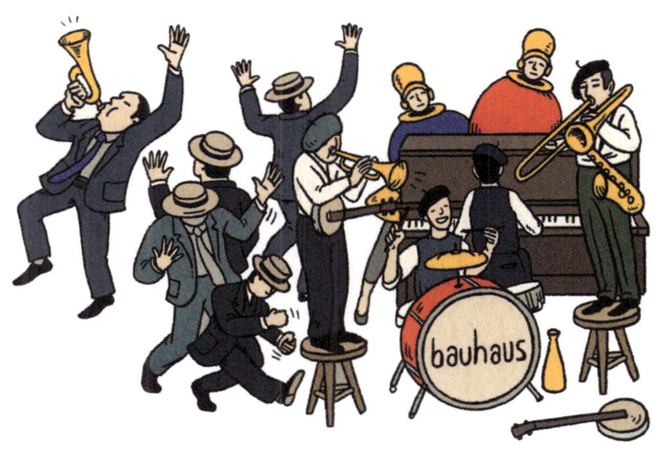

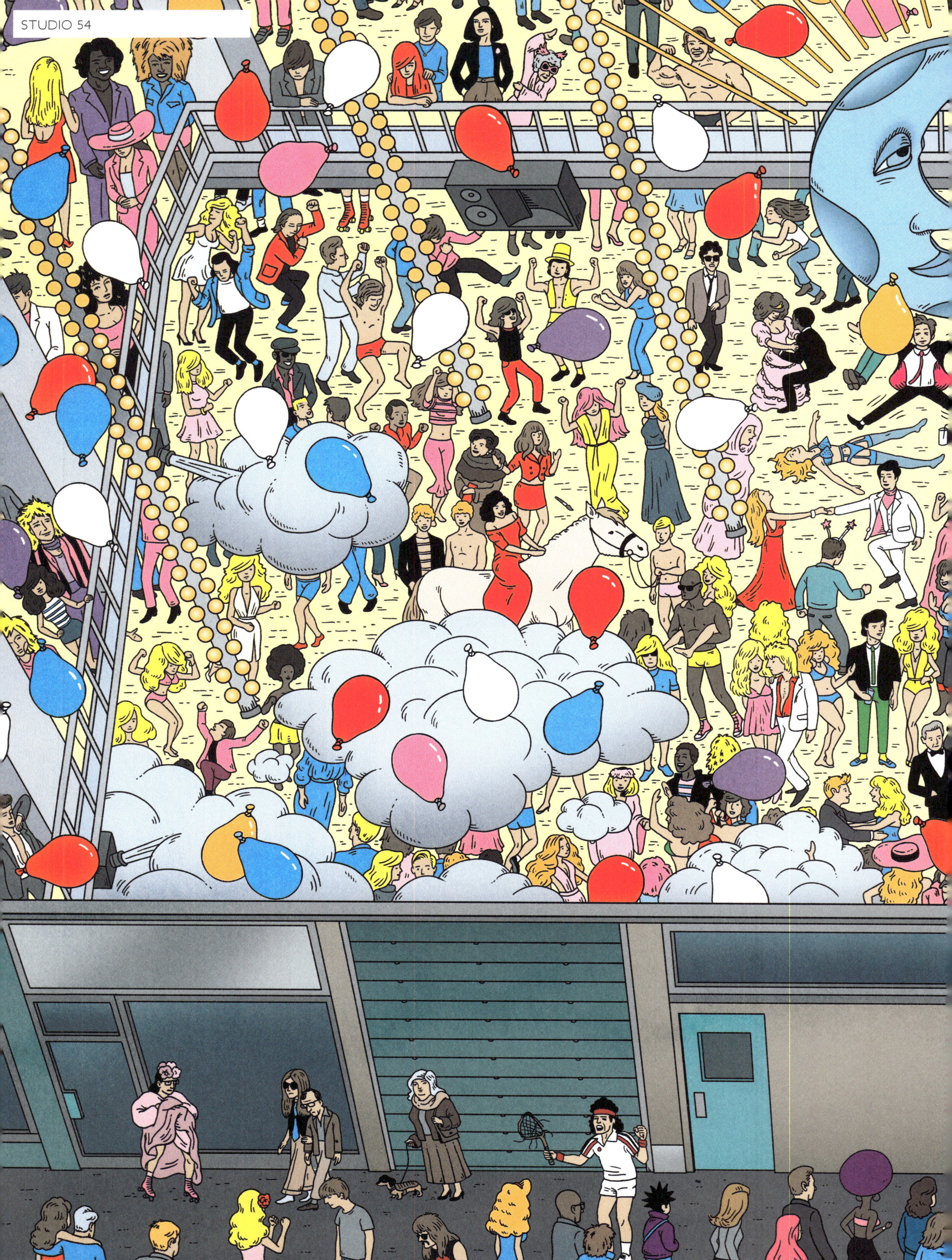

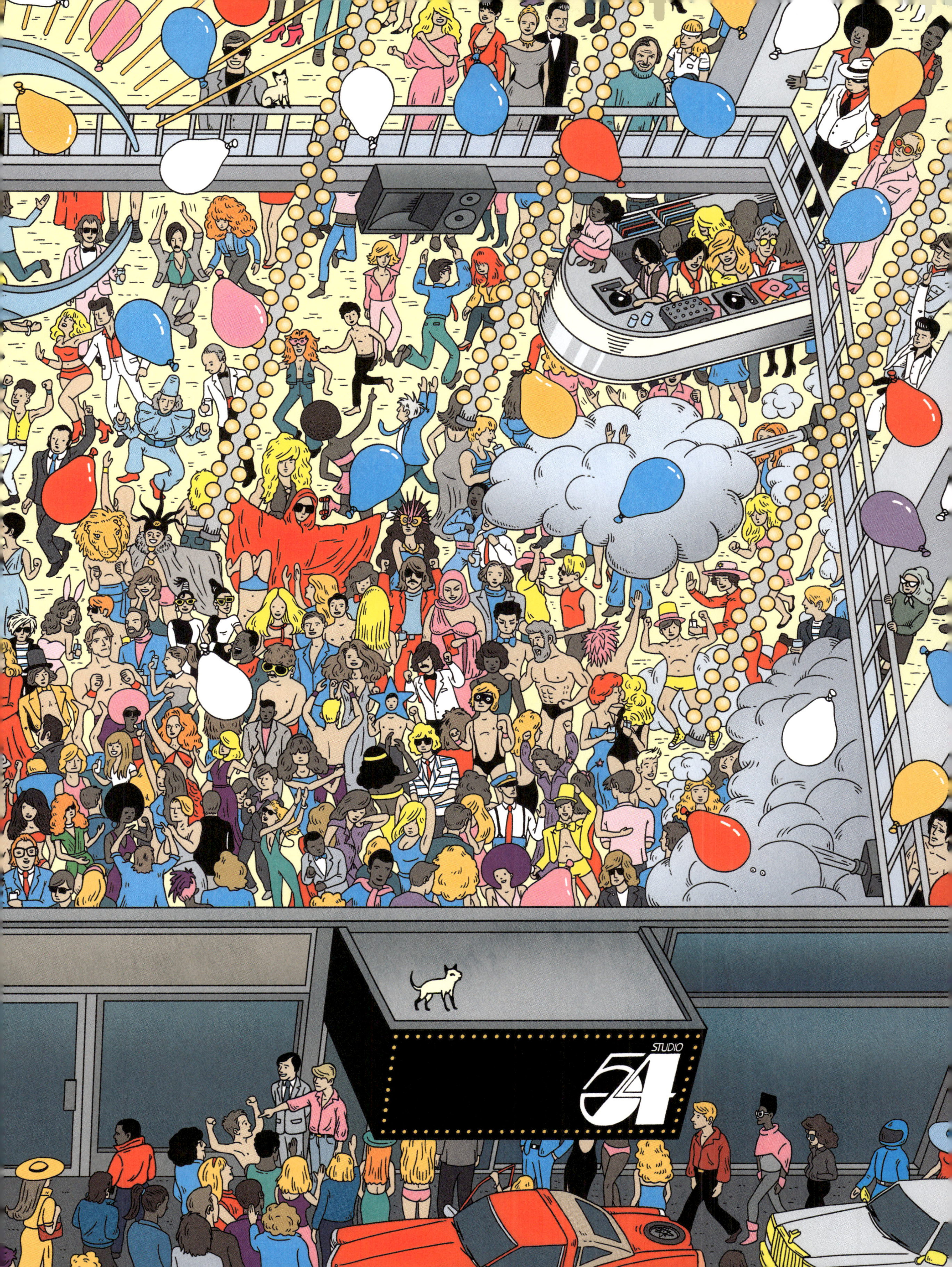
STUDIO
54

DER GARTEN DER KÜNSTLERISCHEN LÜSTE

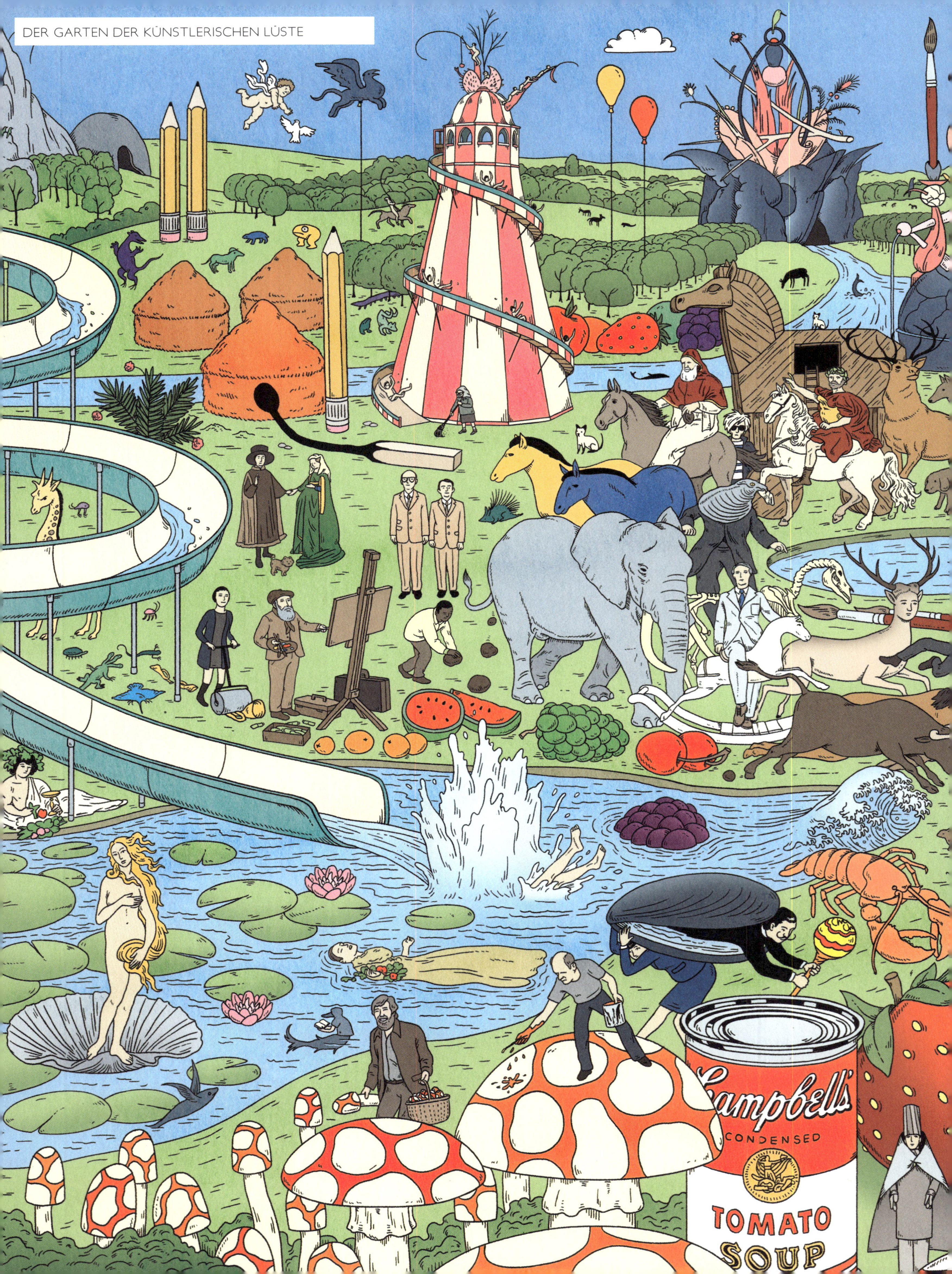

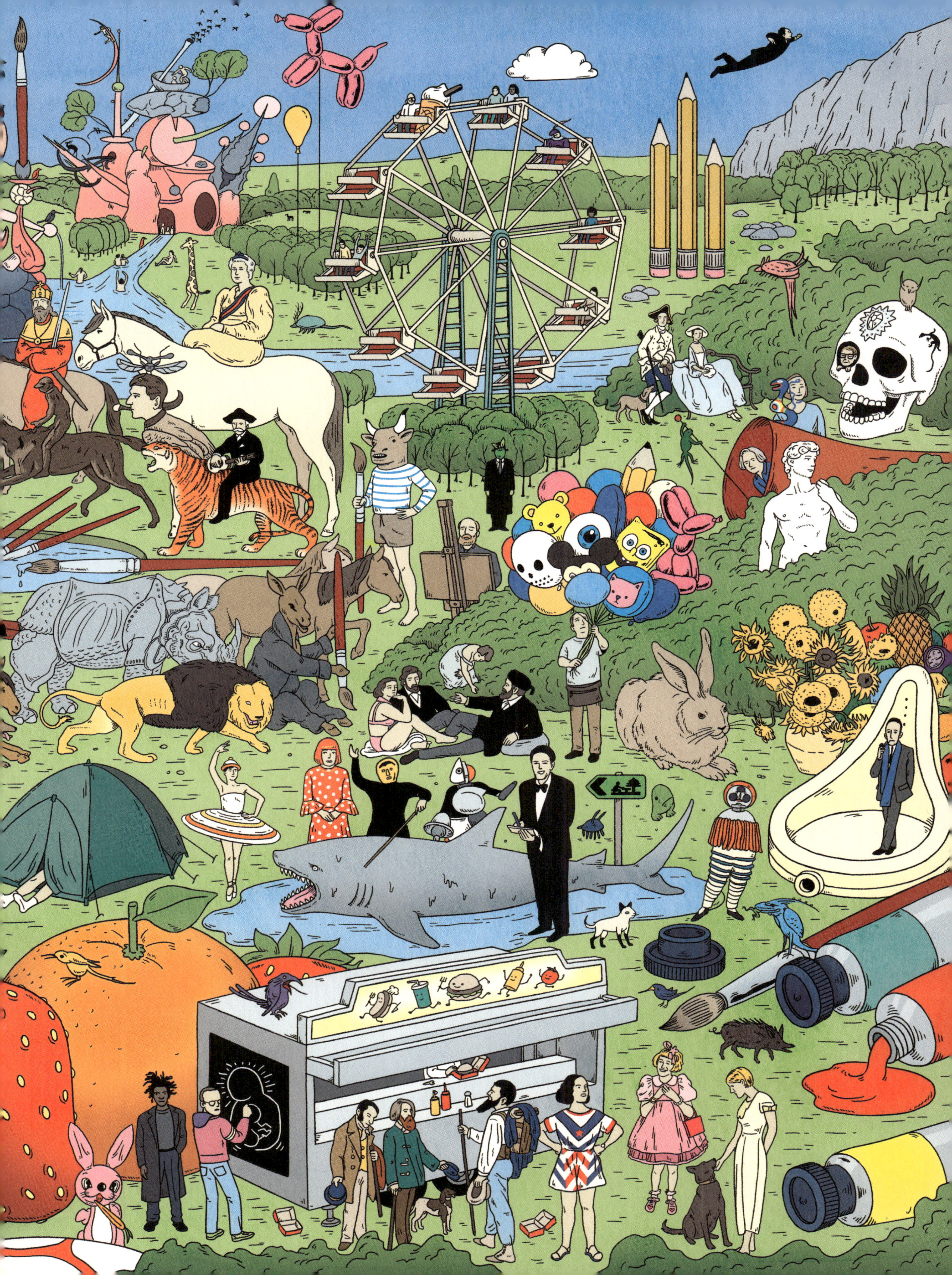

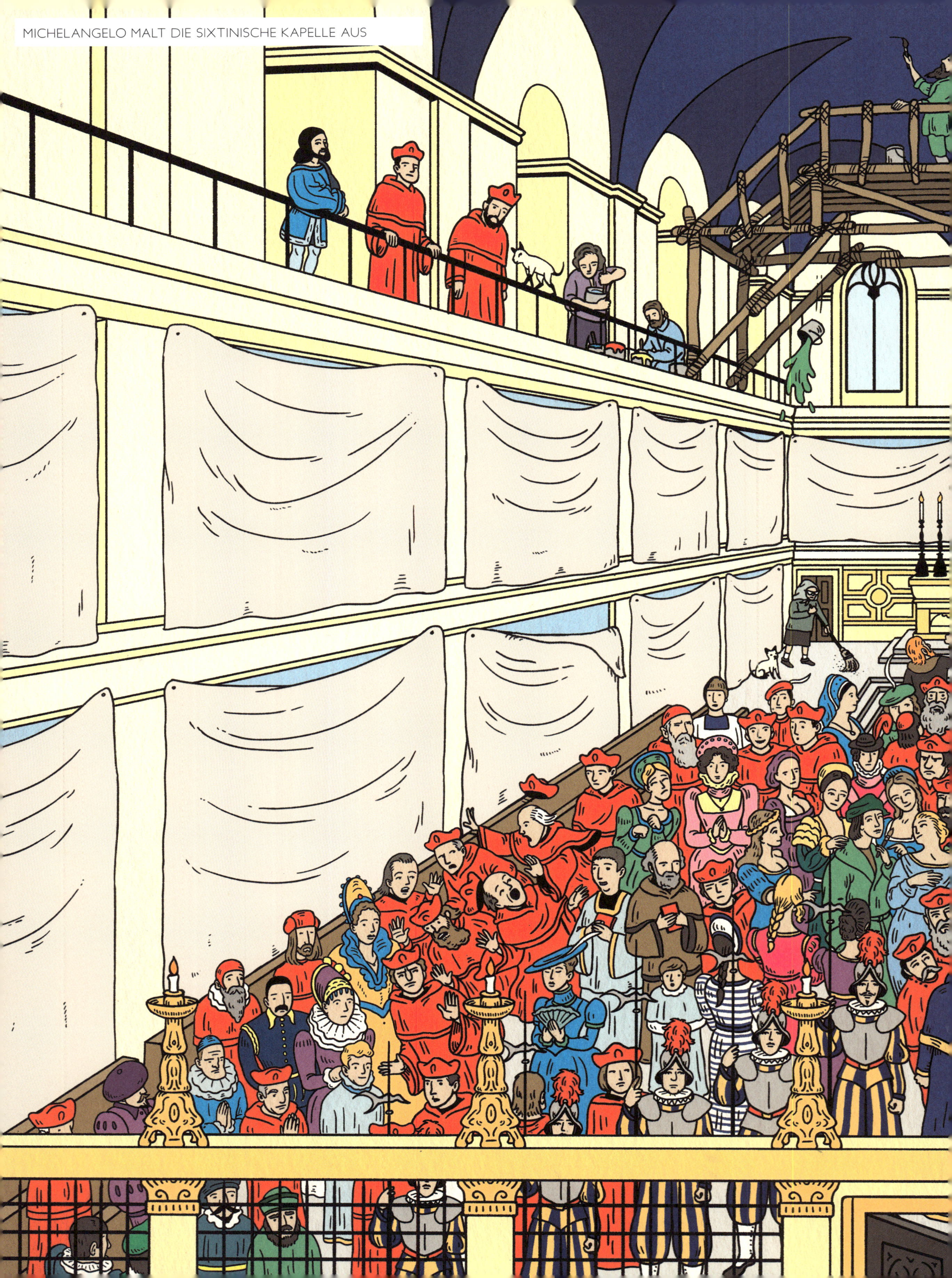

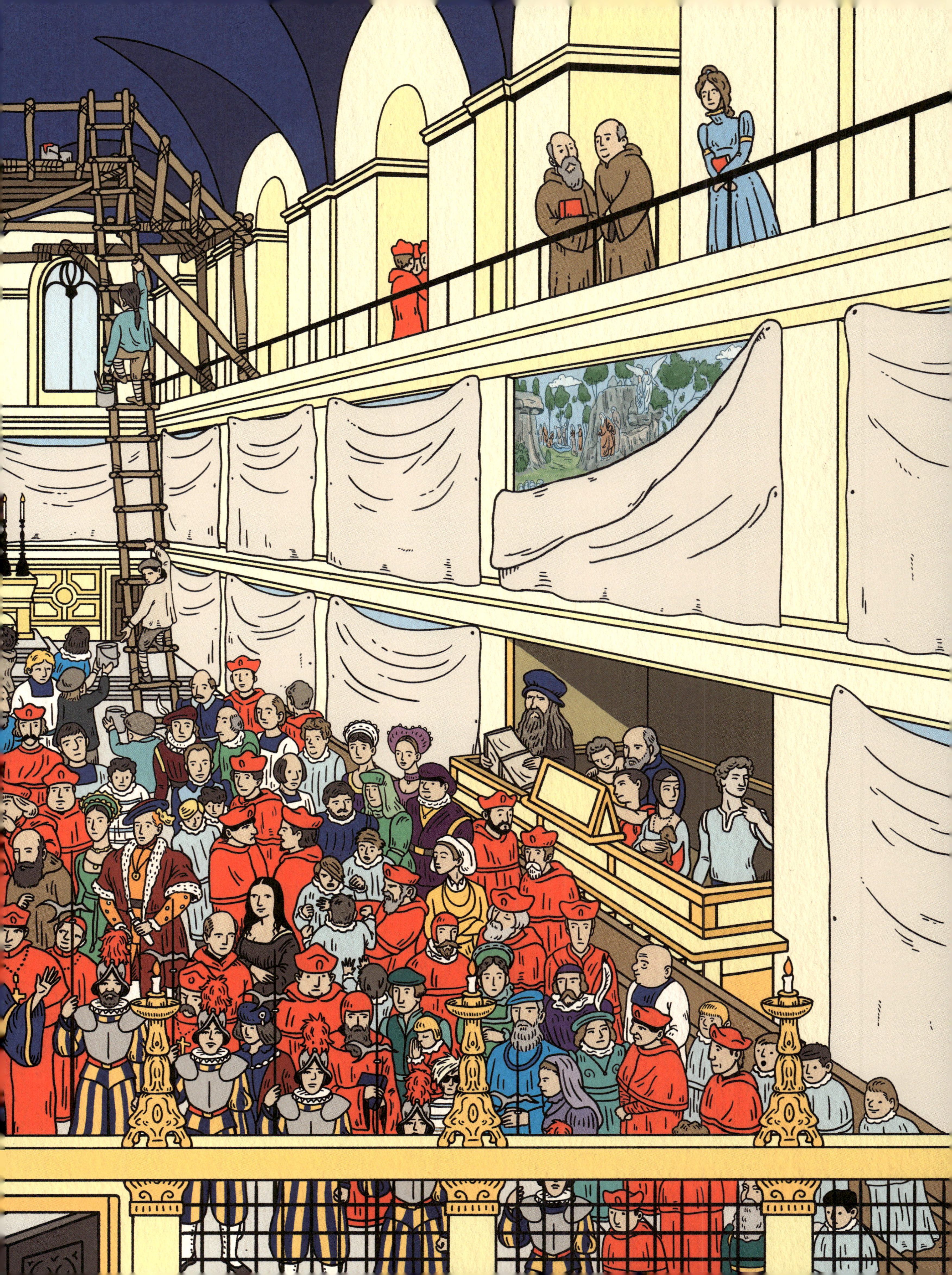

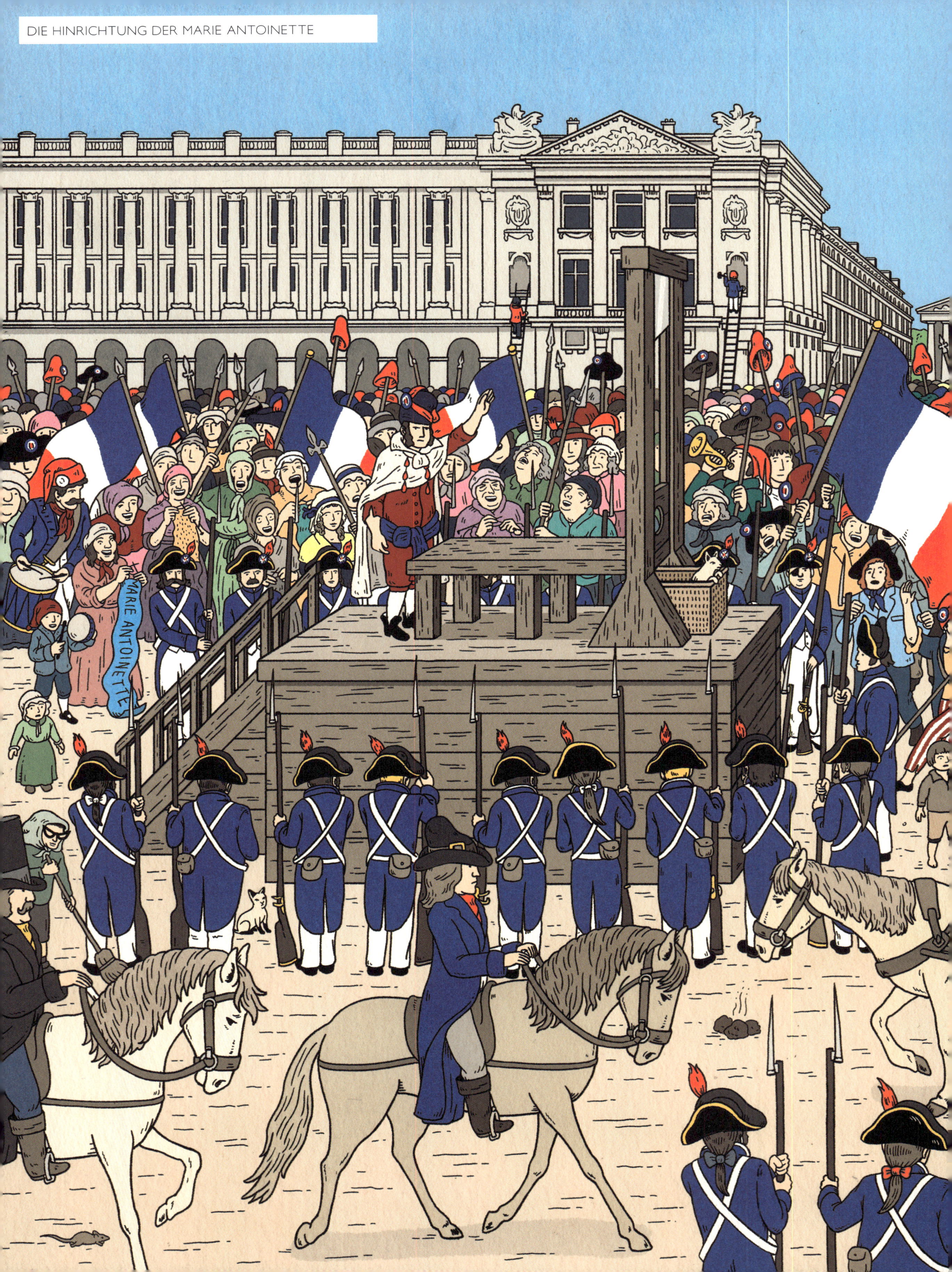
DIE HINRICHTUNG DER MARIE ANTOINETTE
MARIE ANTOINETTE

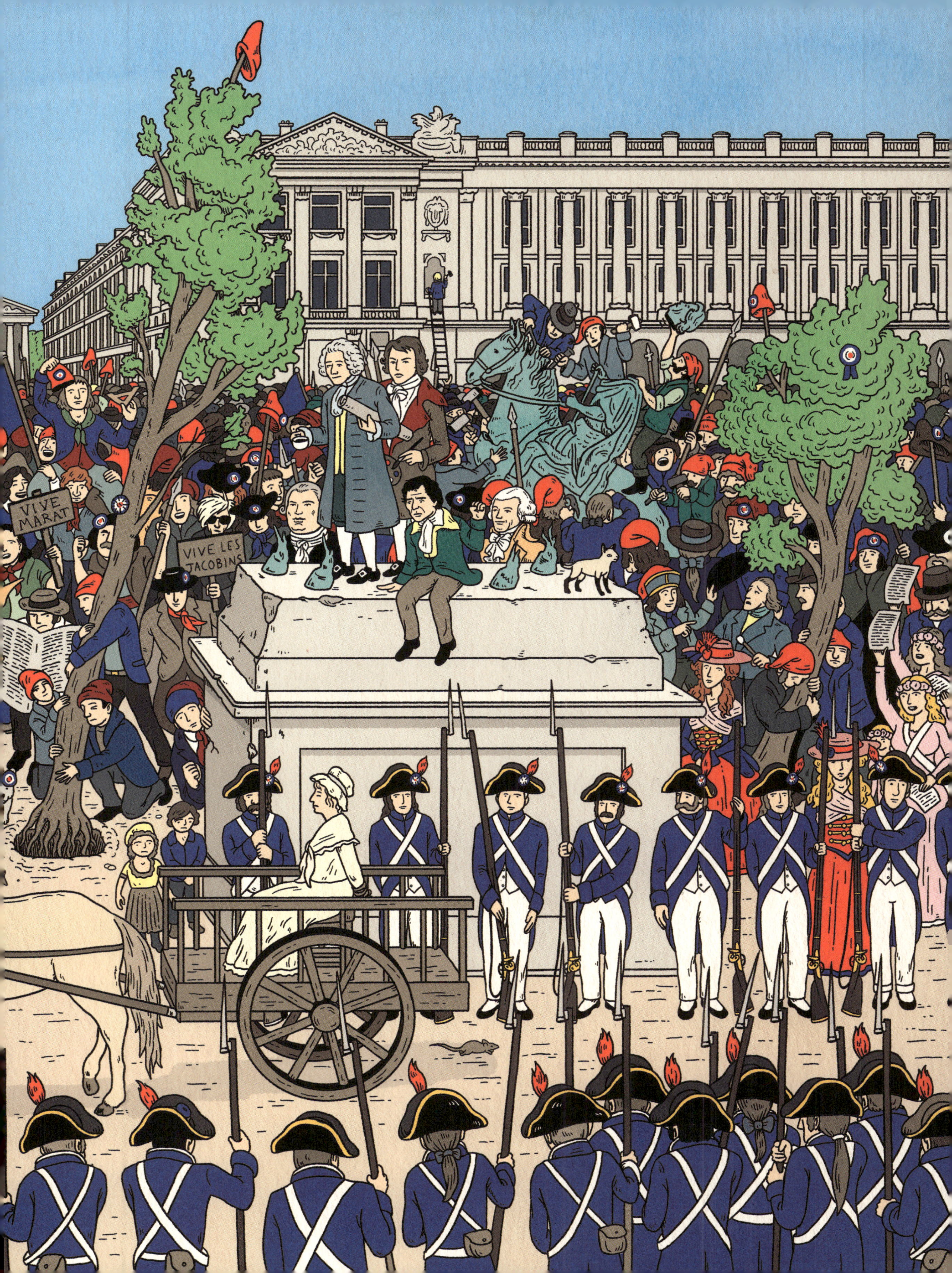
VIVE MARAT
VIVE LES JACOBINS

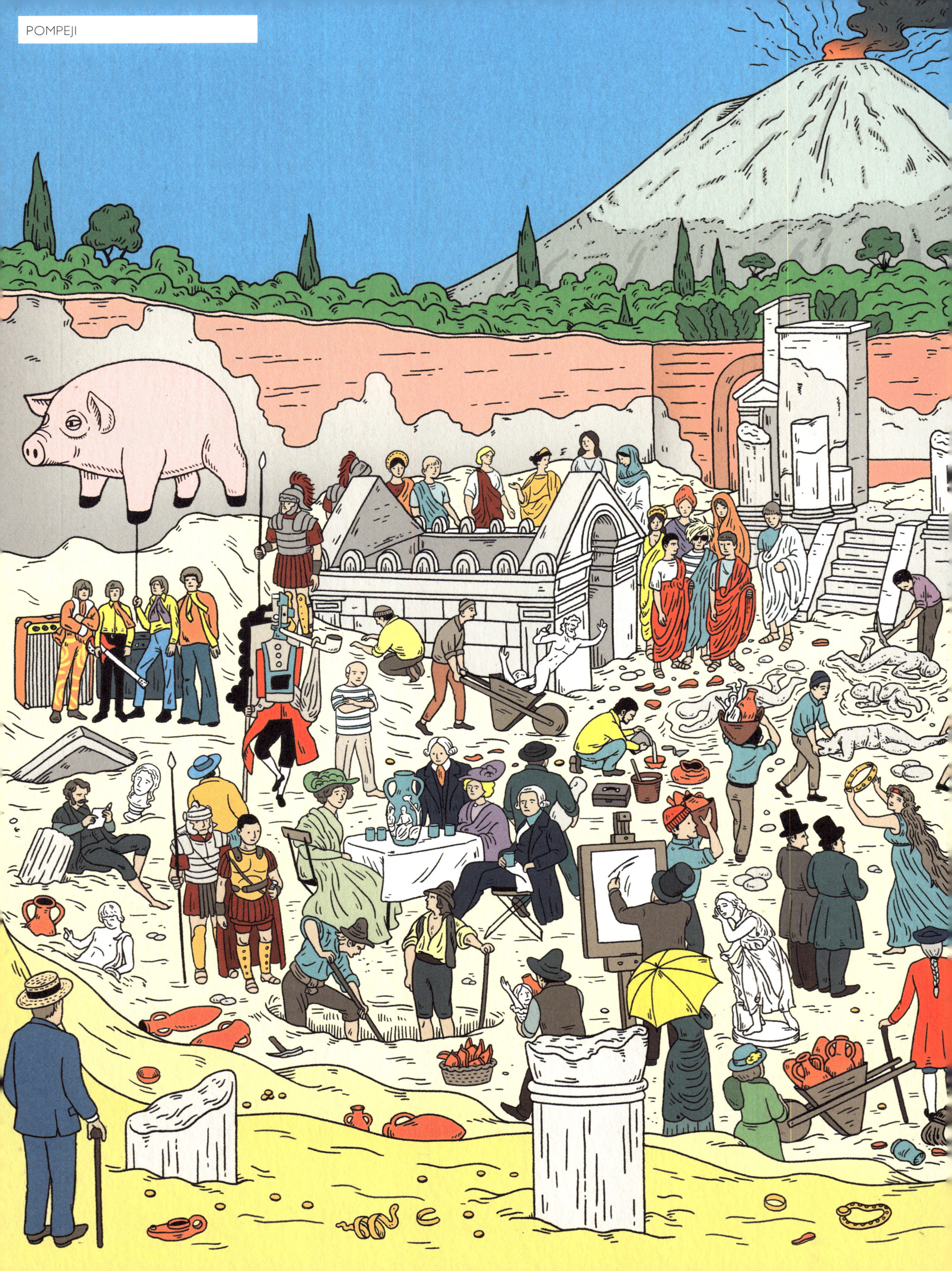

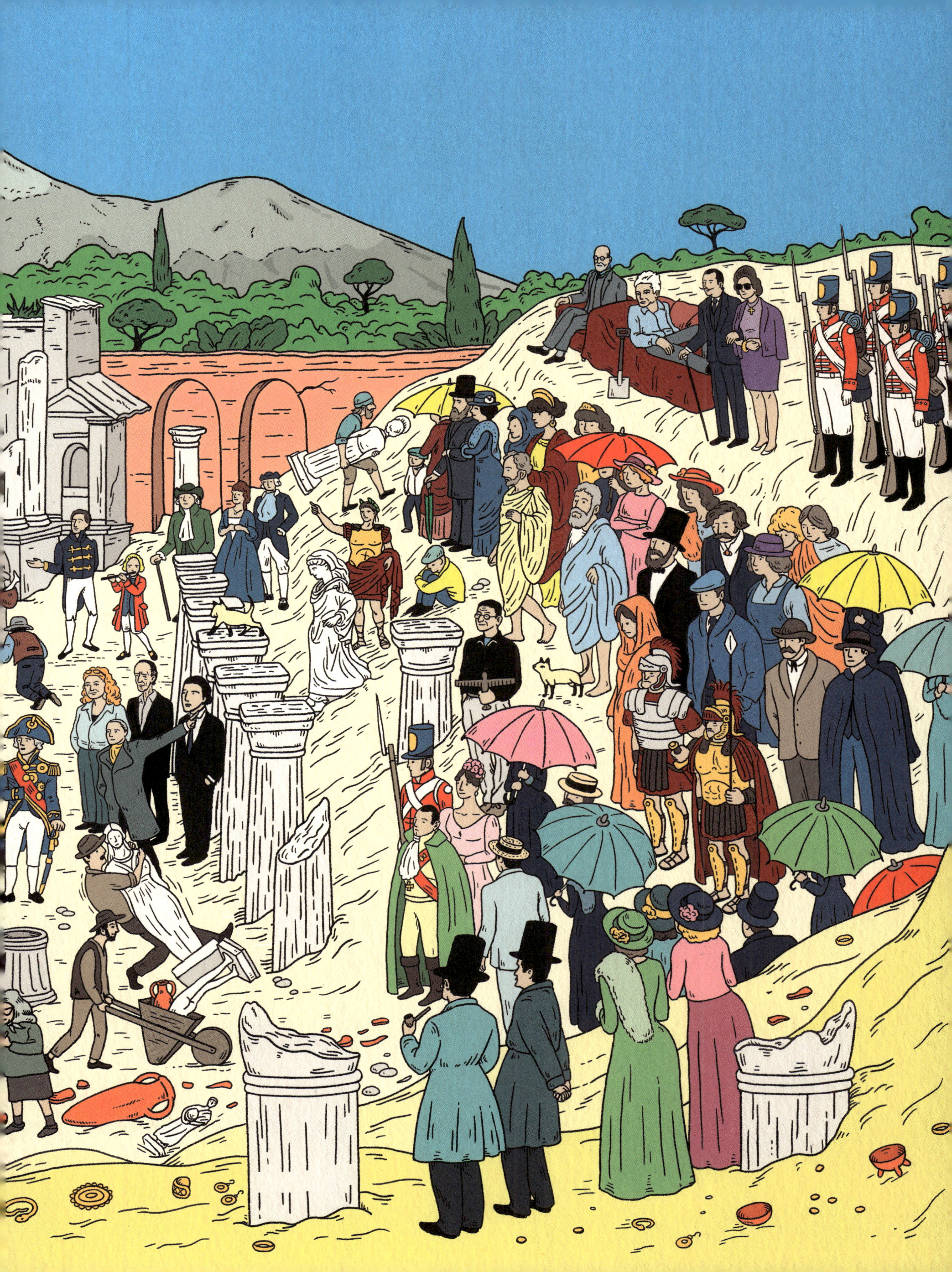

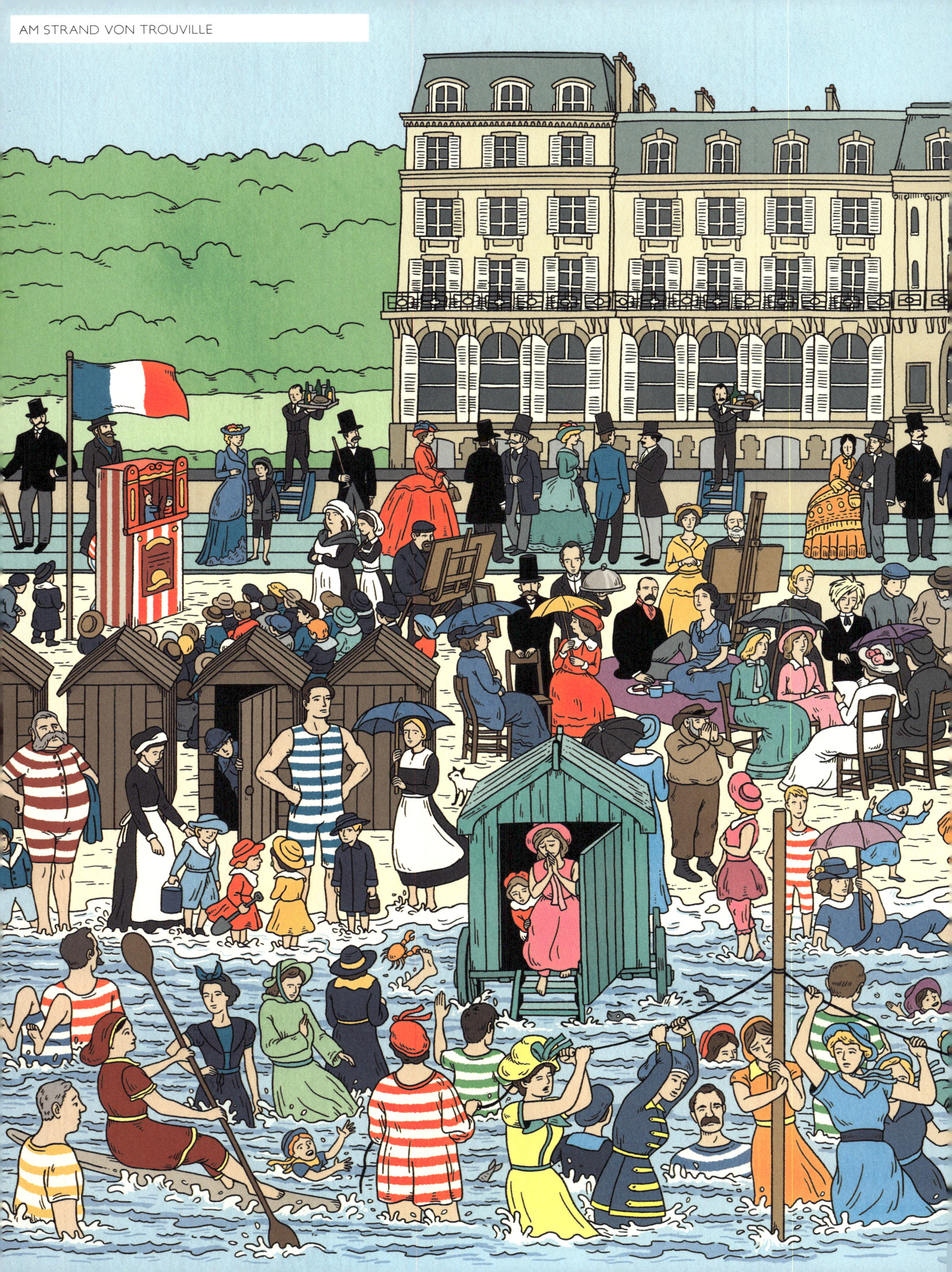
AM STRAND VON TROUVILLE

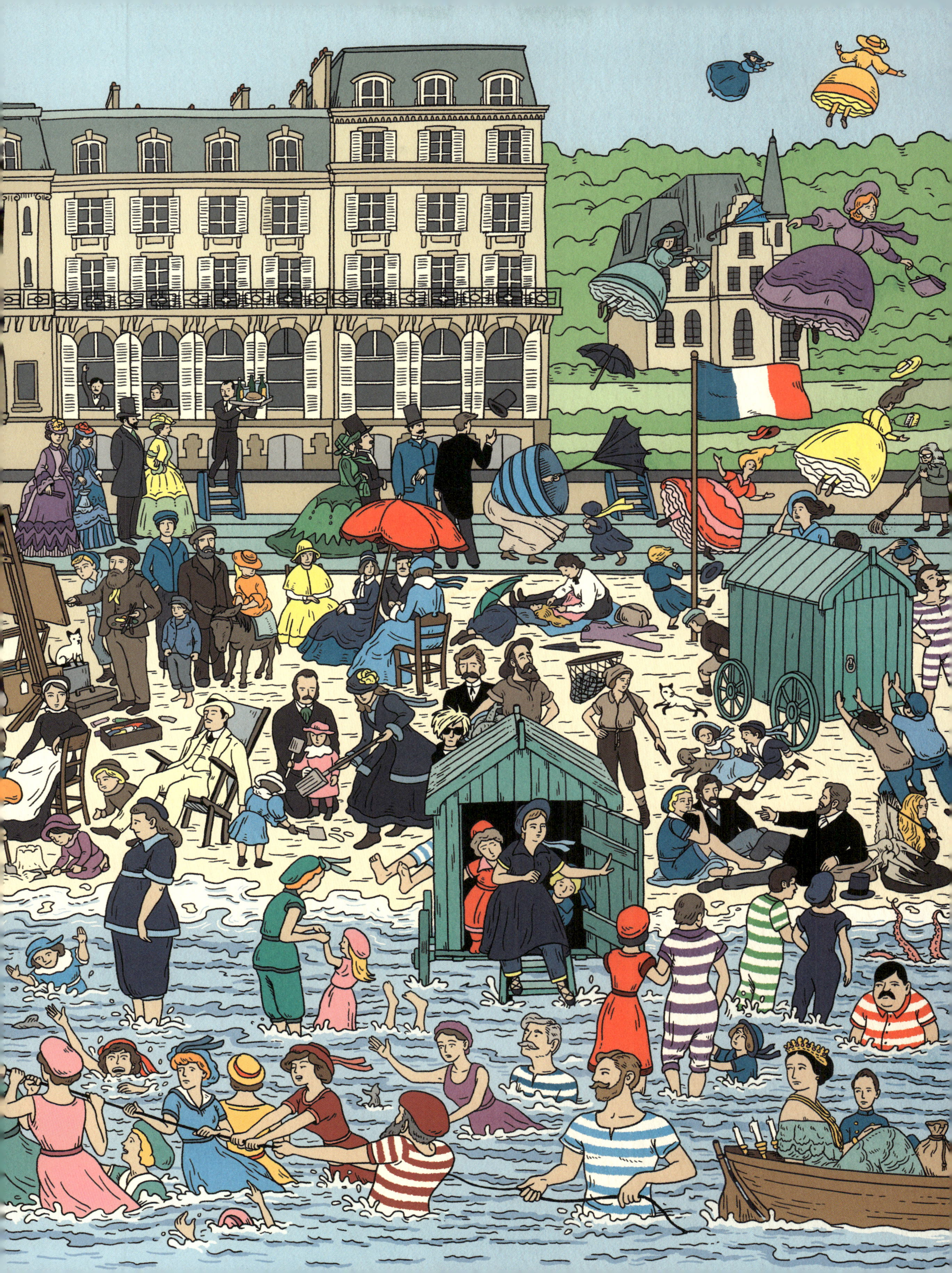

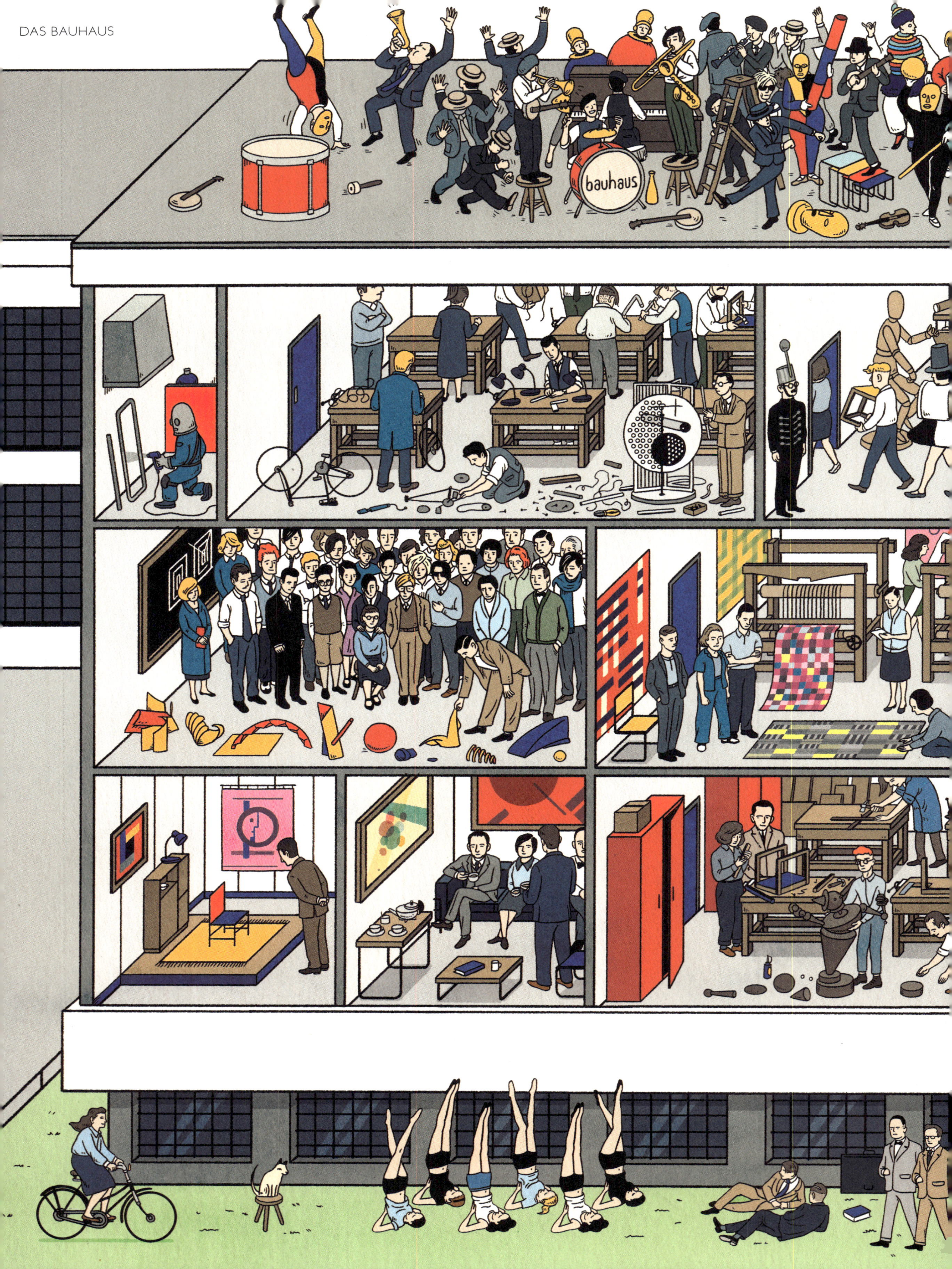
bauhaus

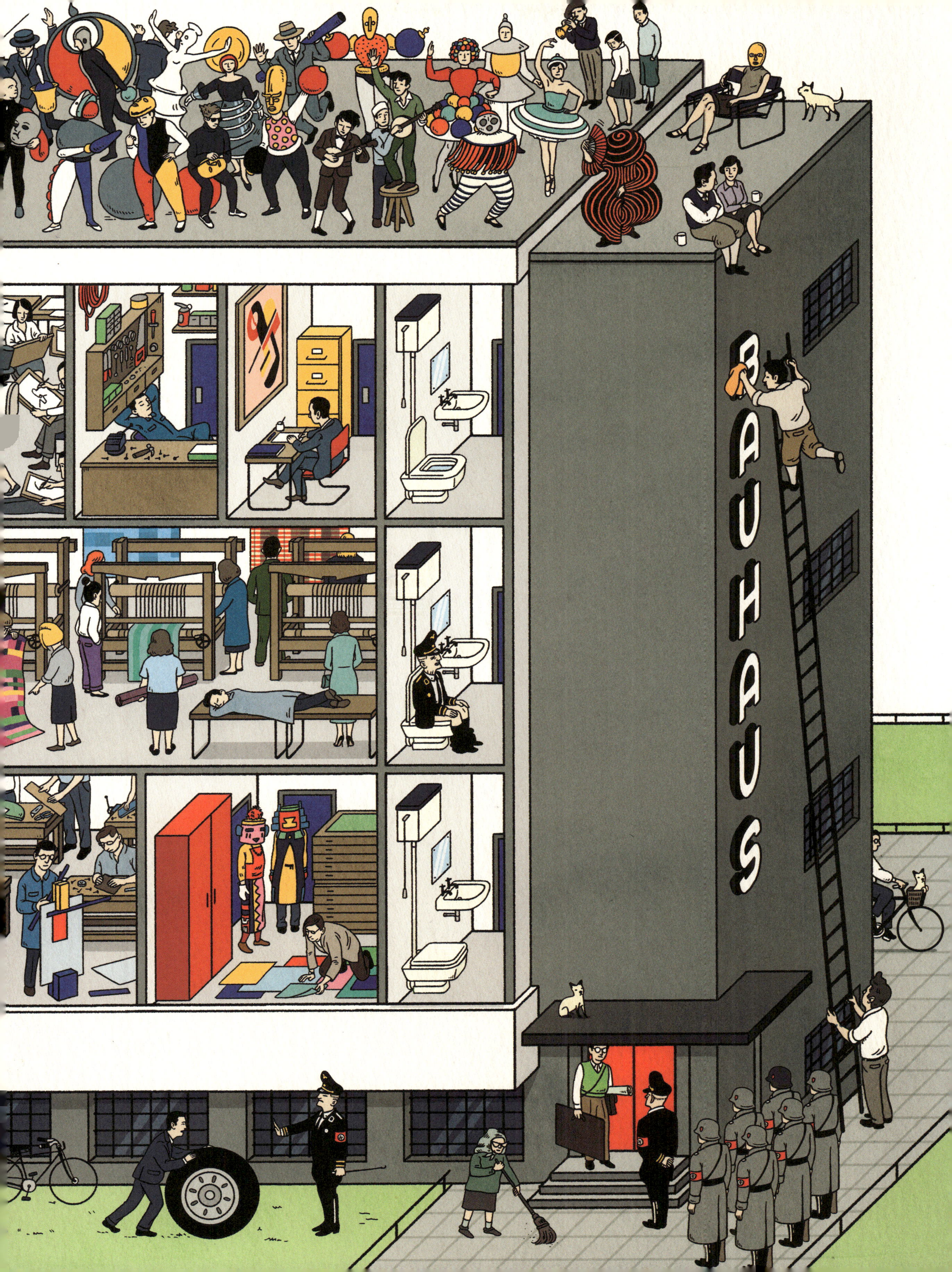
BAUHAUS

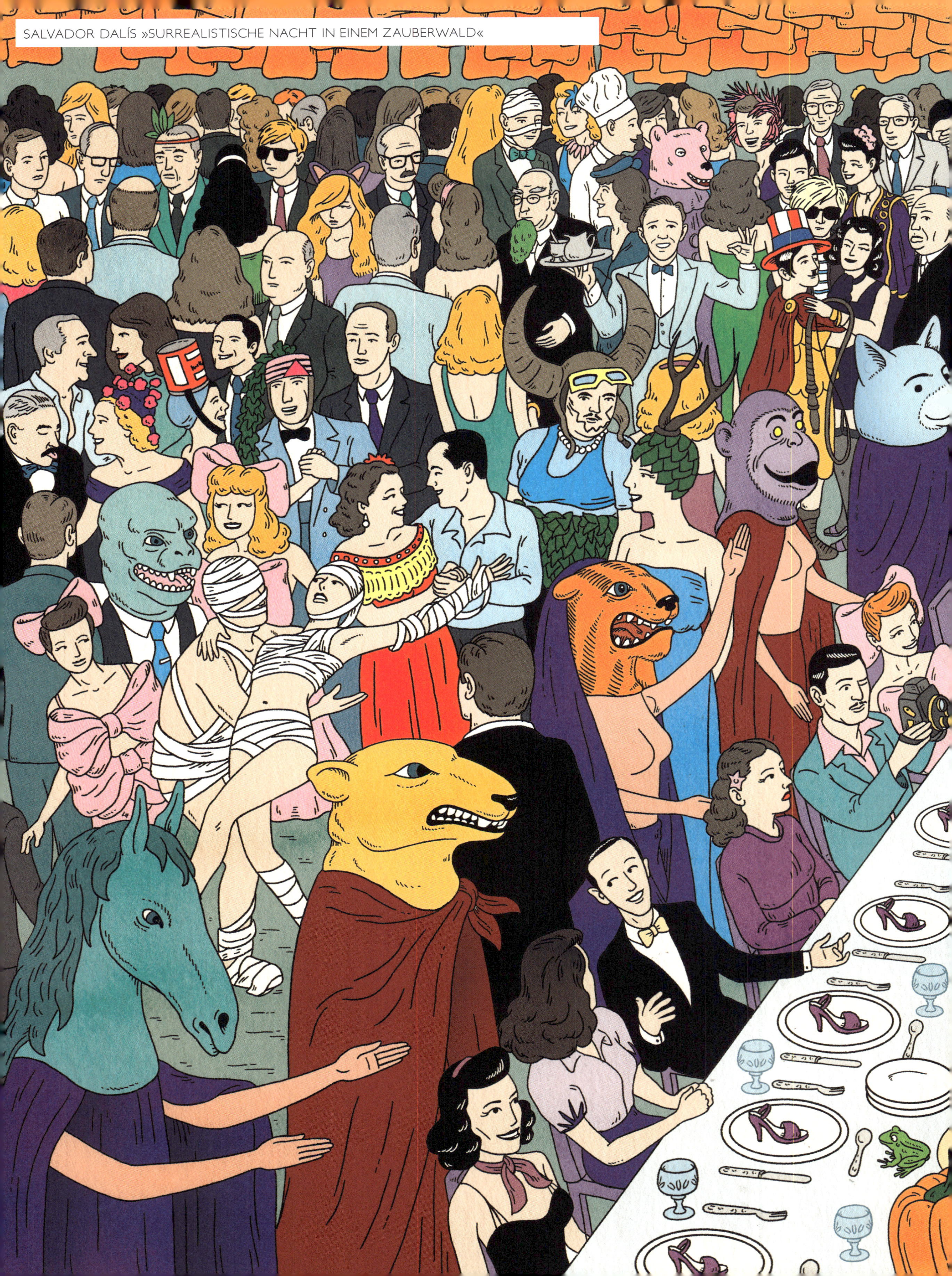
SALVADOR DALÍS »SURREALISTISCHE NACHT IN EINEM ZAUBERWALD«

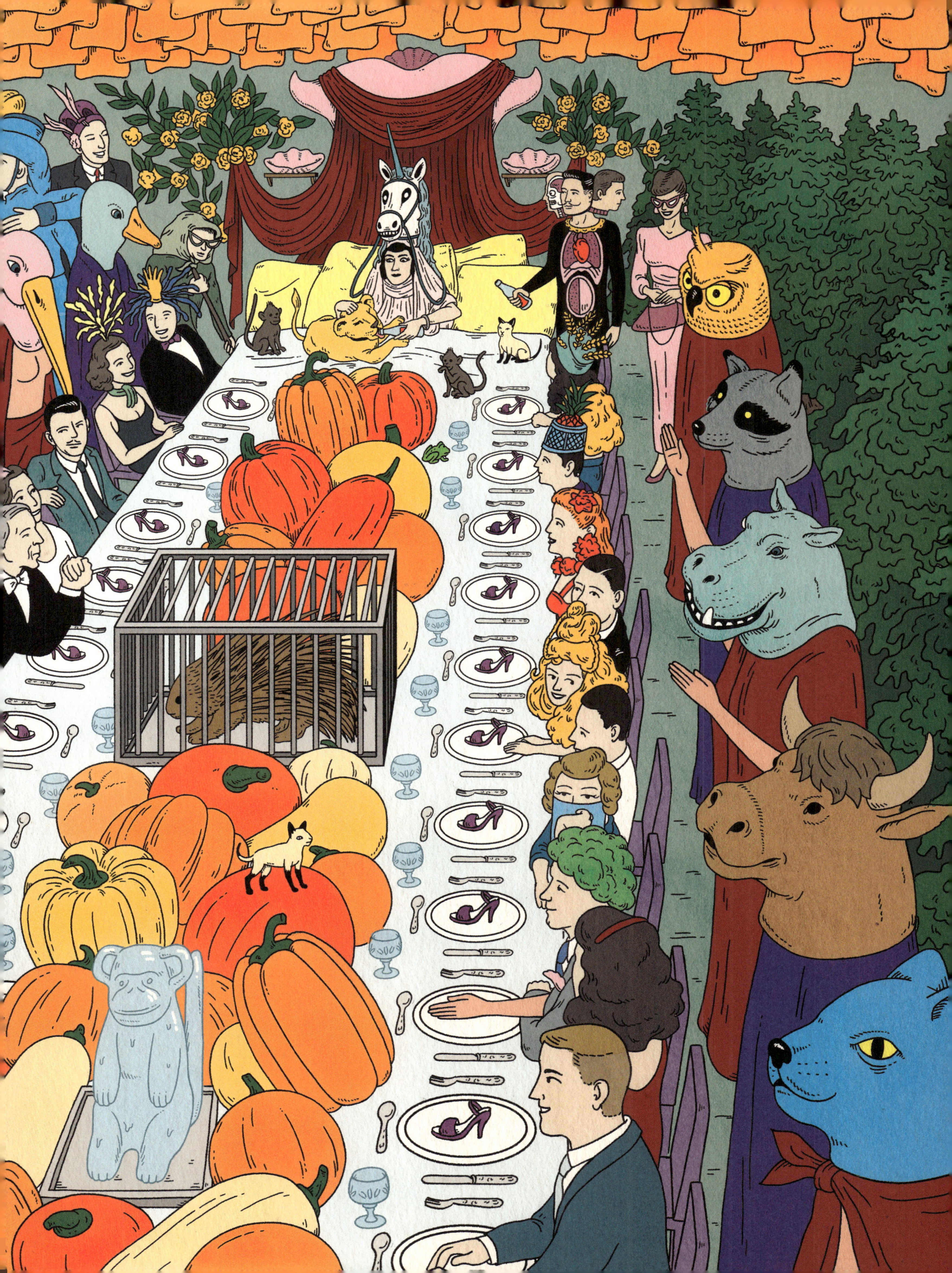

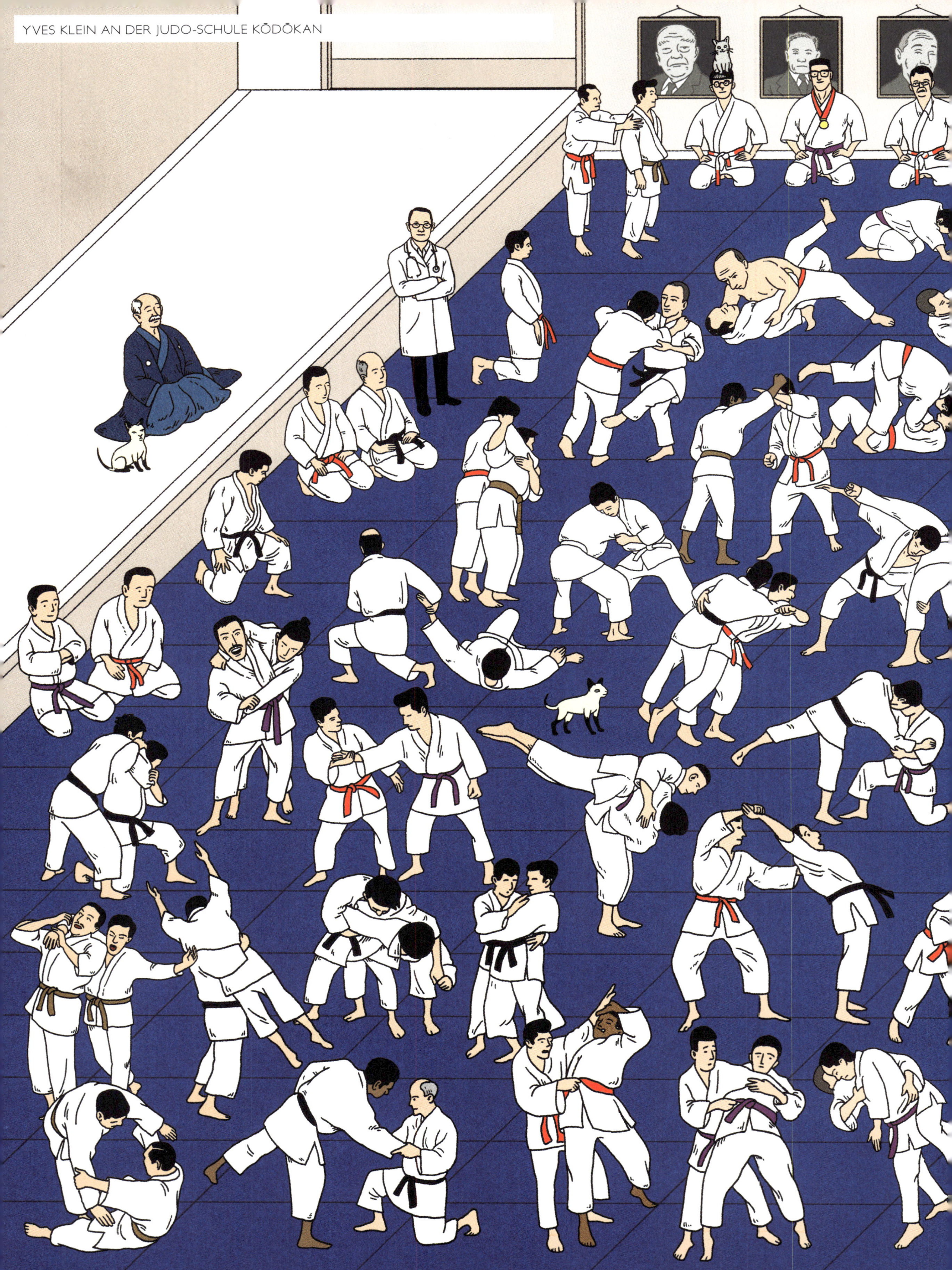
YVES KLEIN AN DER JUDO-SCHULE KŌDŌKAN

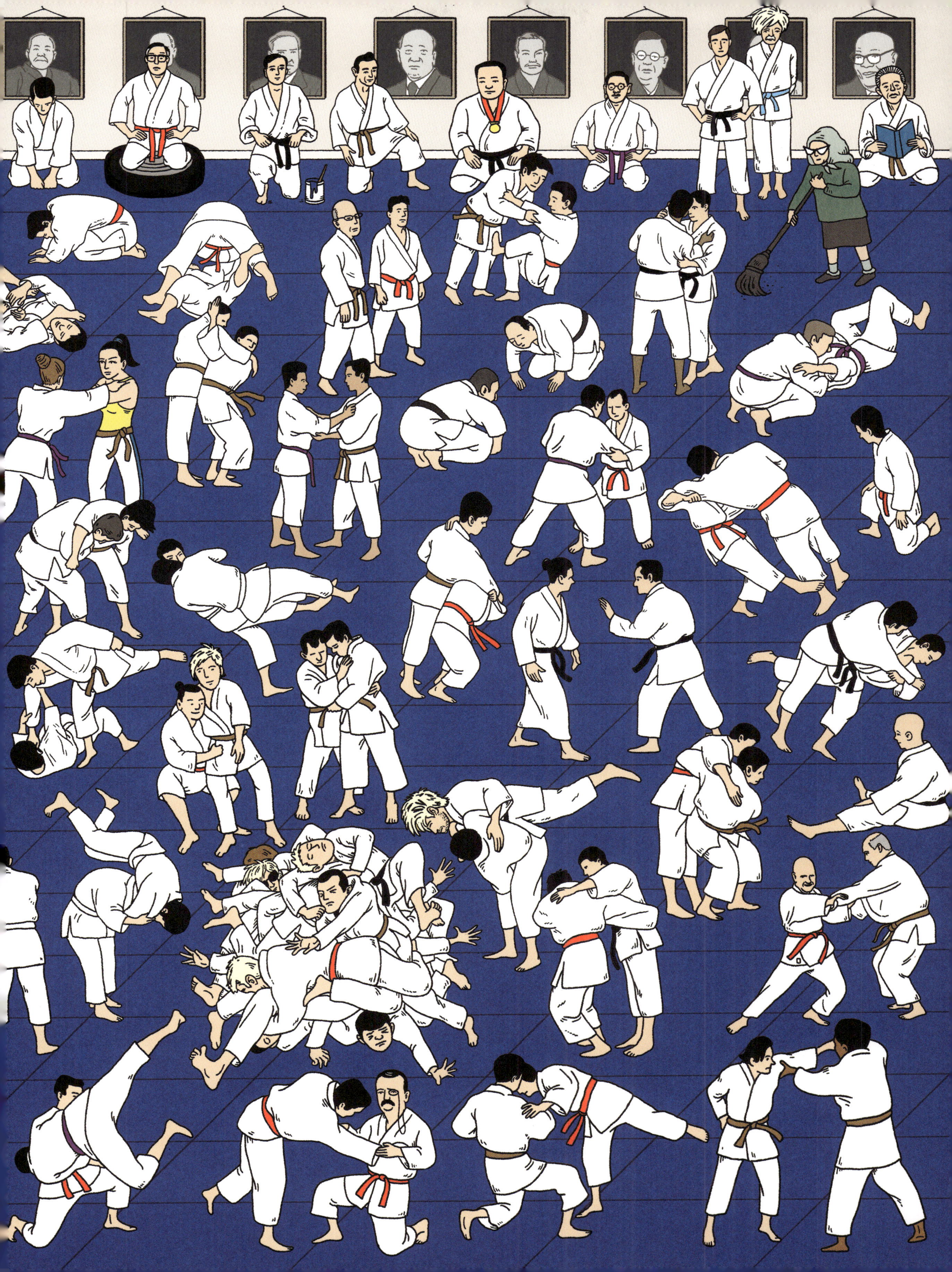

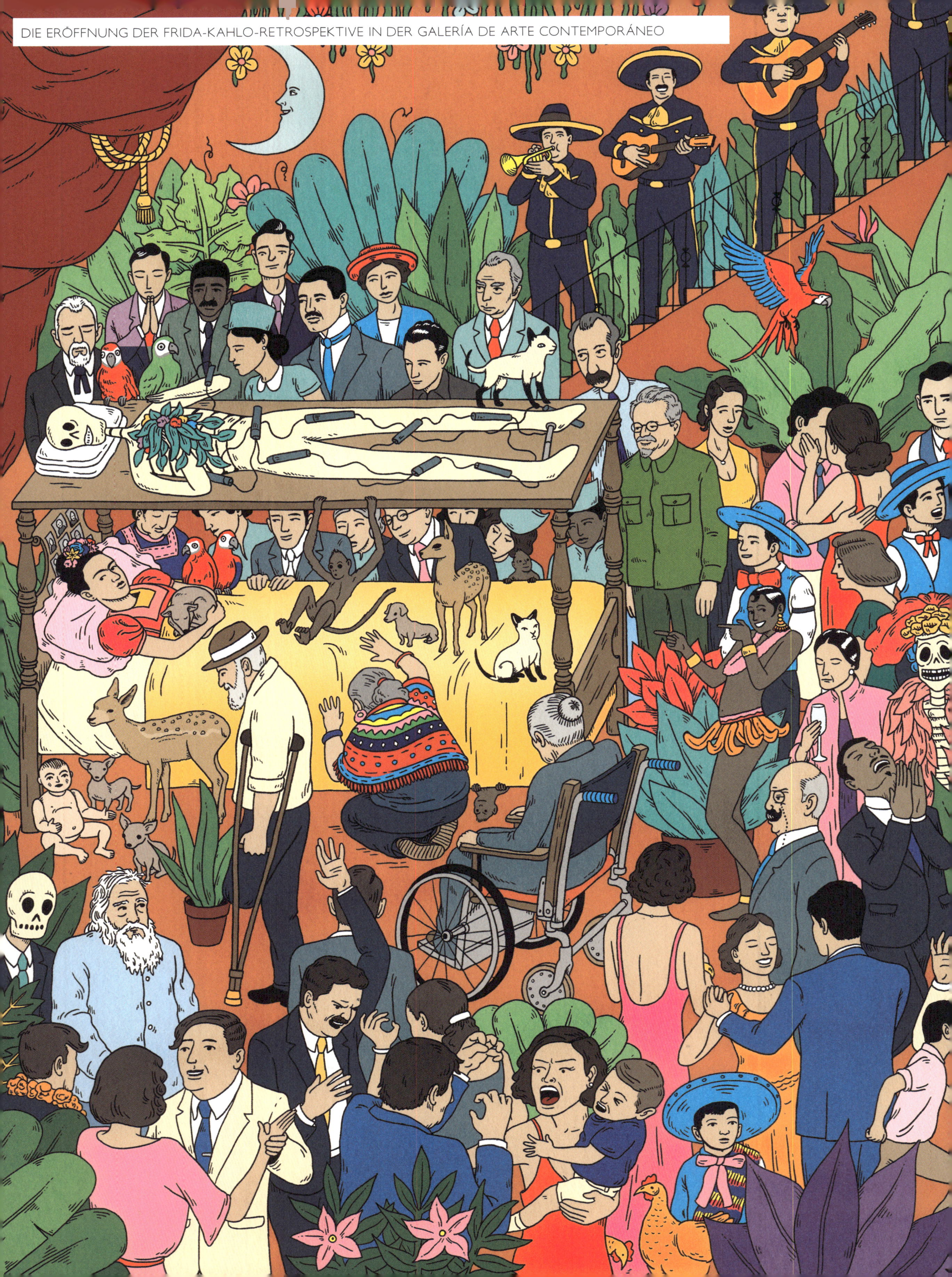

DIE ERÖFFNUNG DER FRIDA-KAHLO-RETROSPEKTIVE IN DER GALERÍA DE ARTE CONTEMPORÁNEO

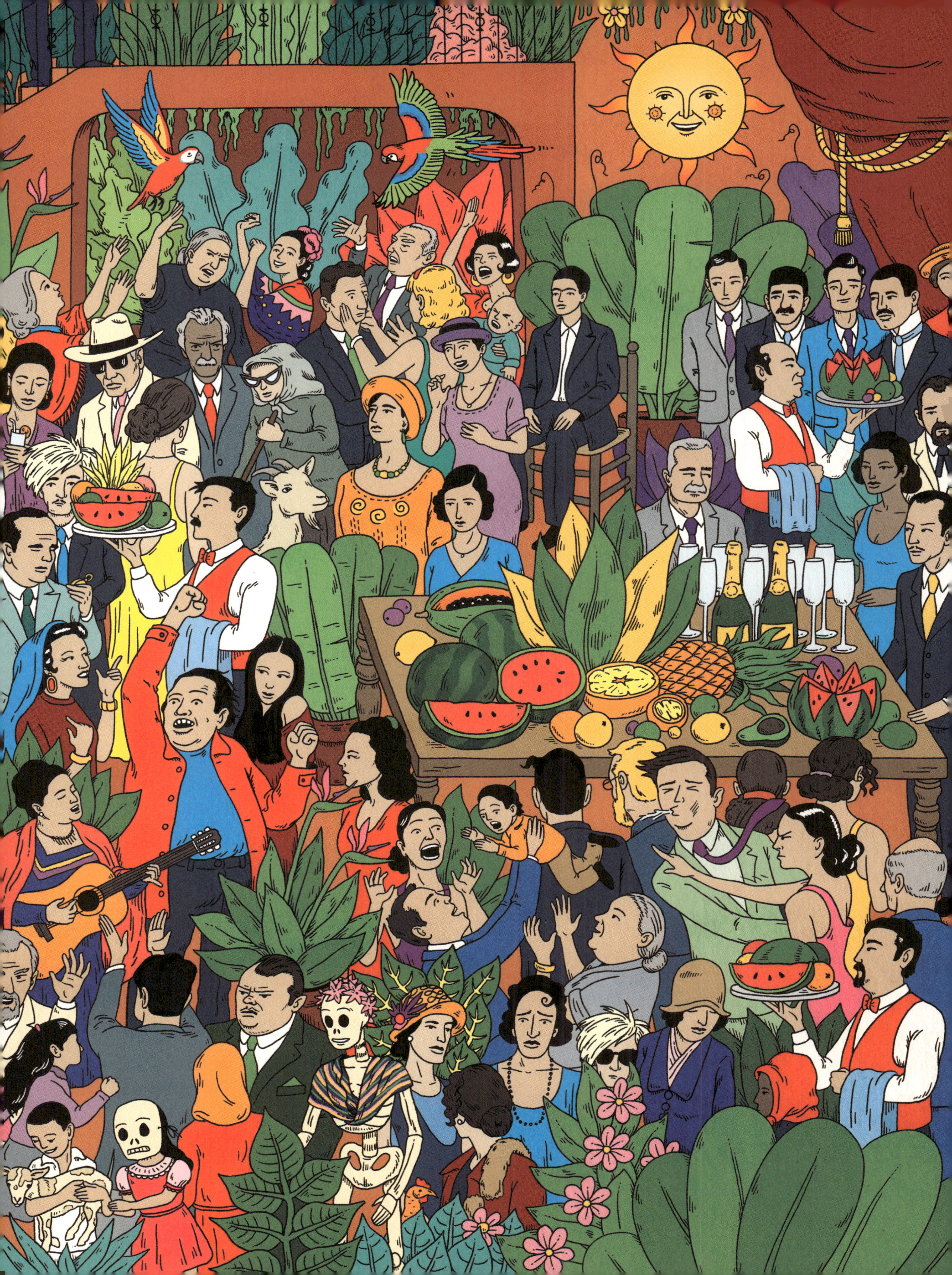

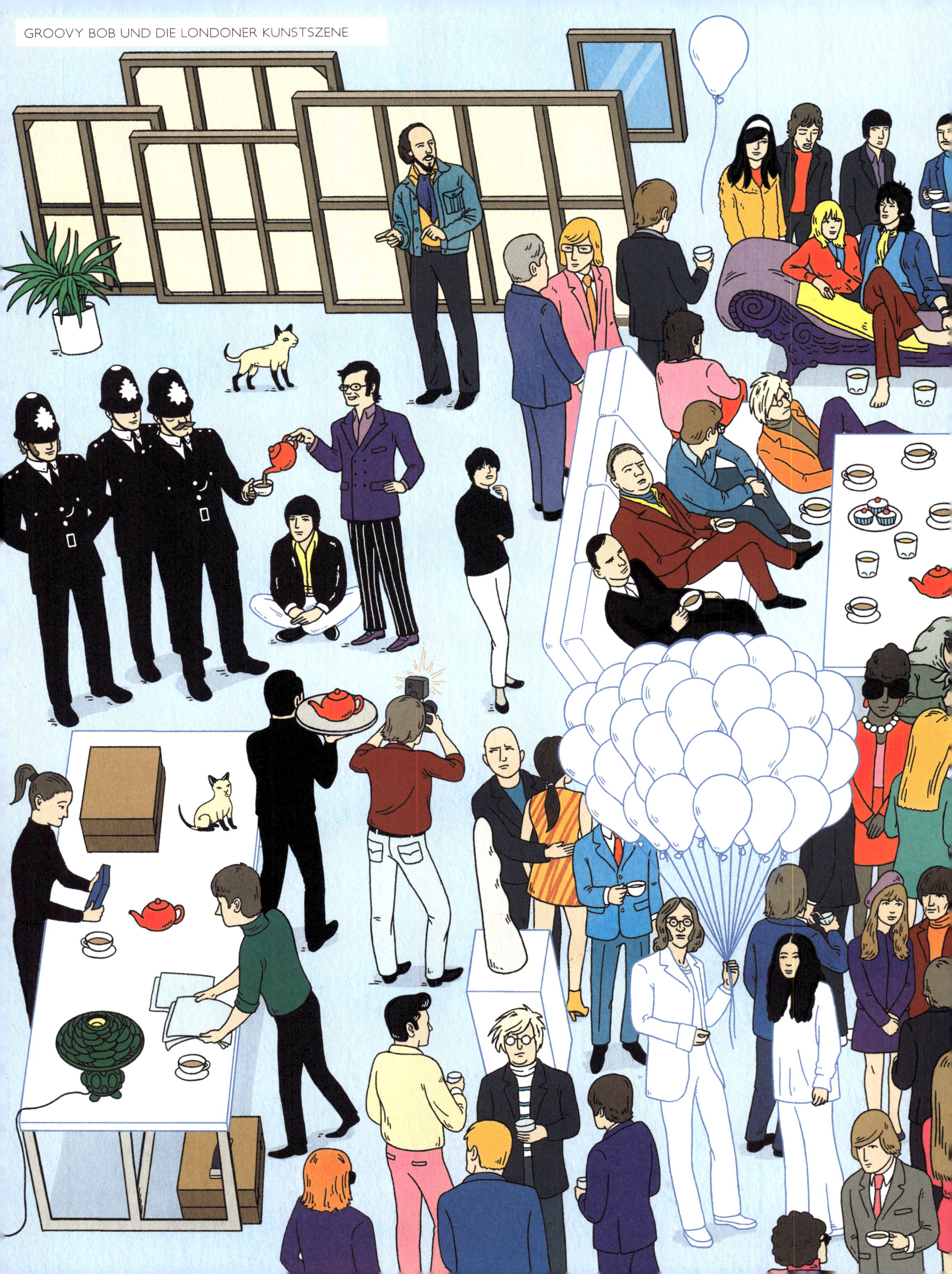

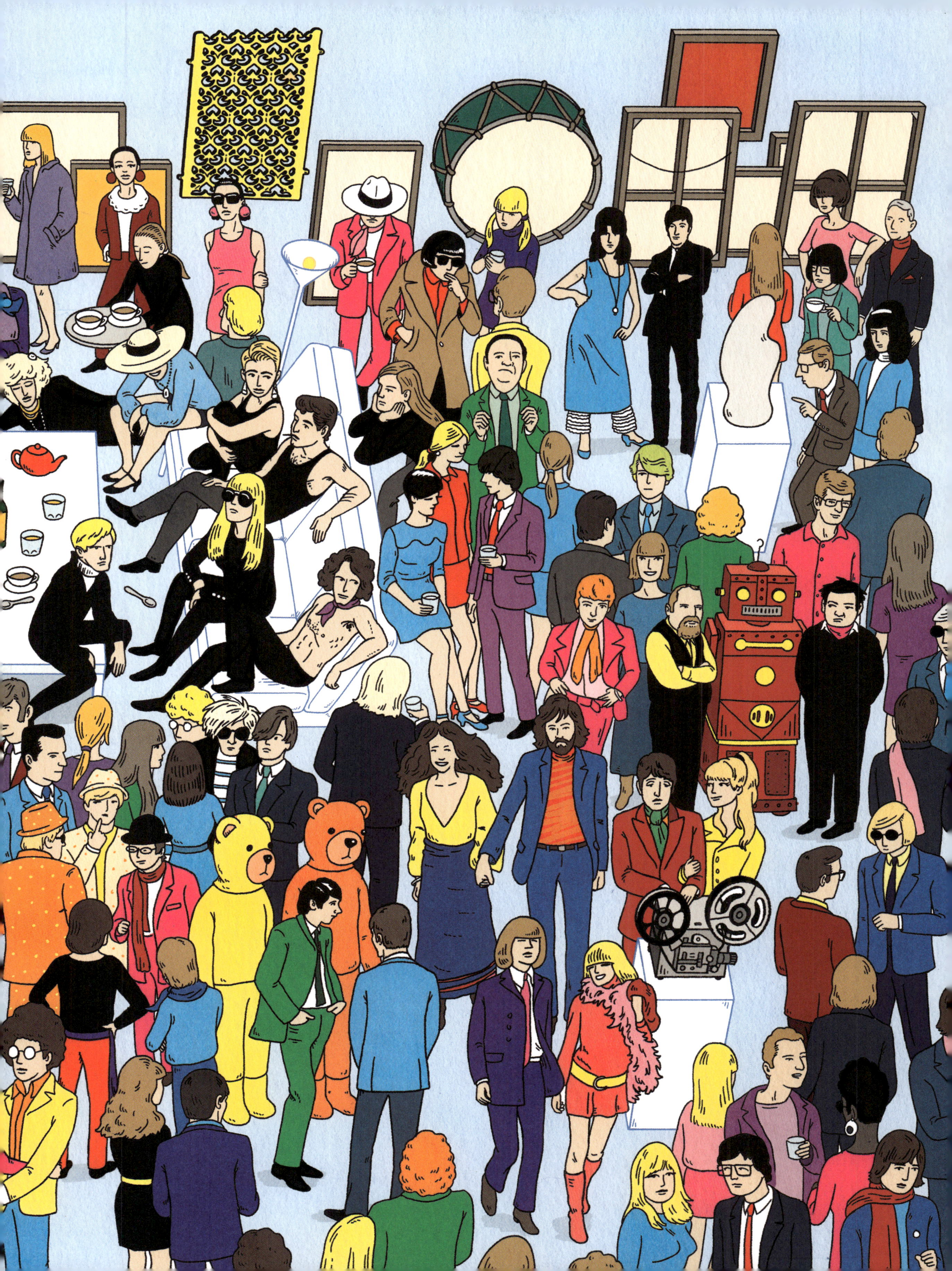

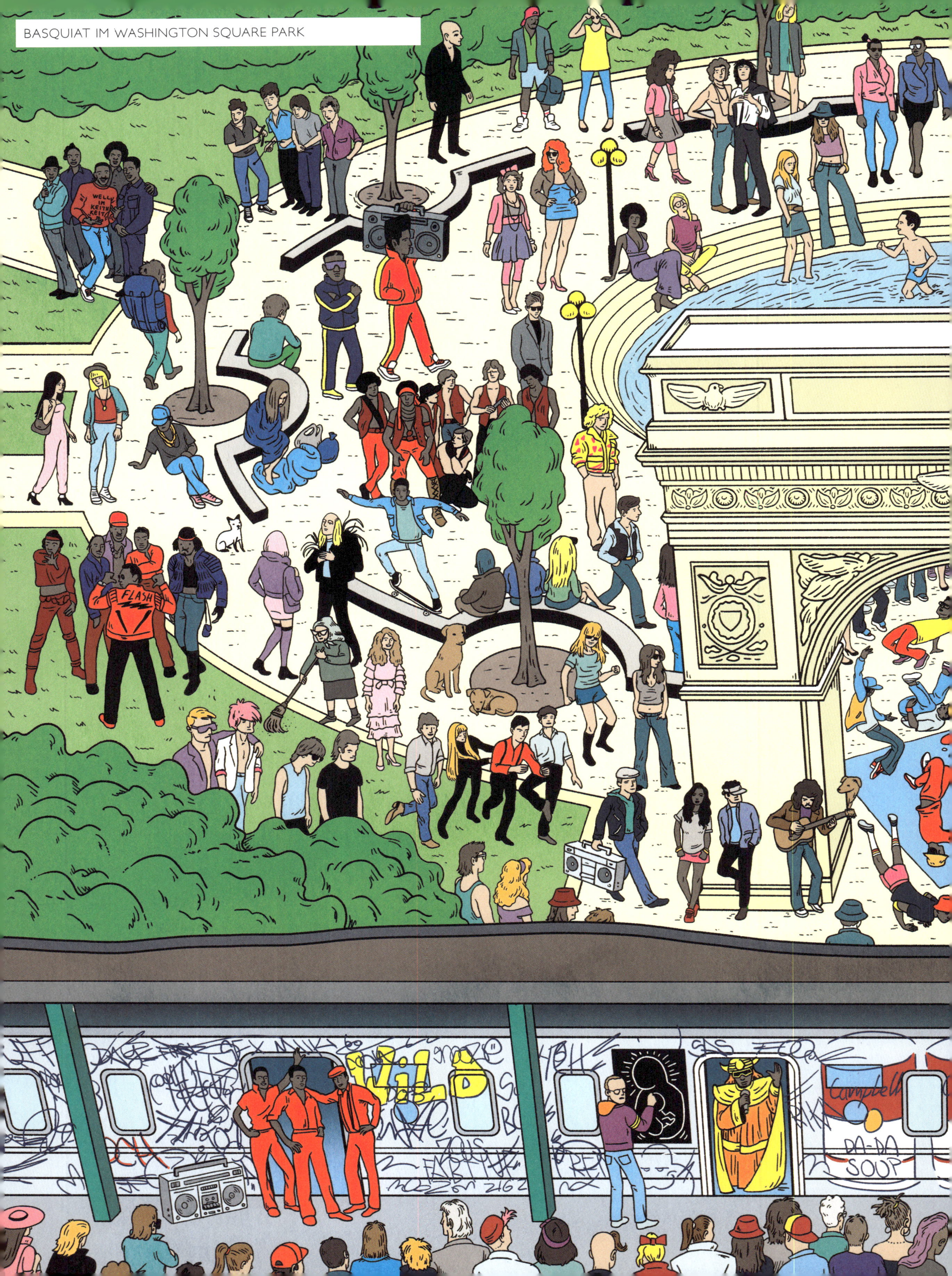

BASQUIAT IM WASHINGTON SQUARE PARK

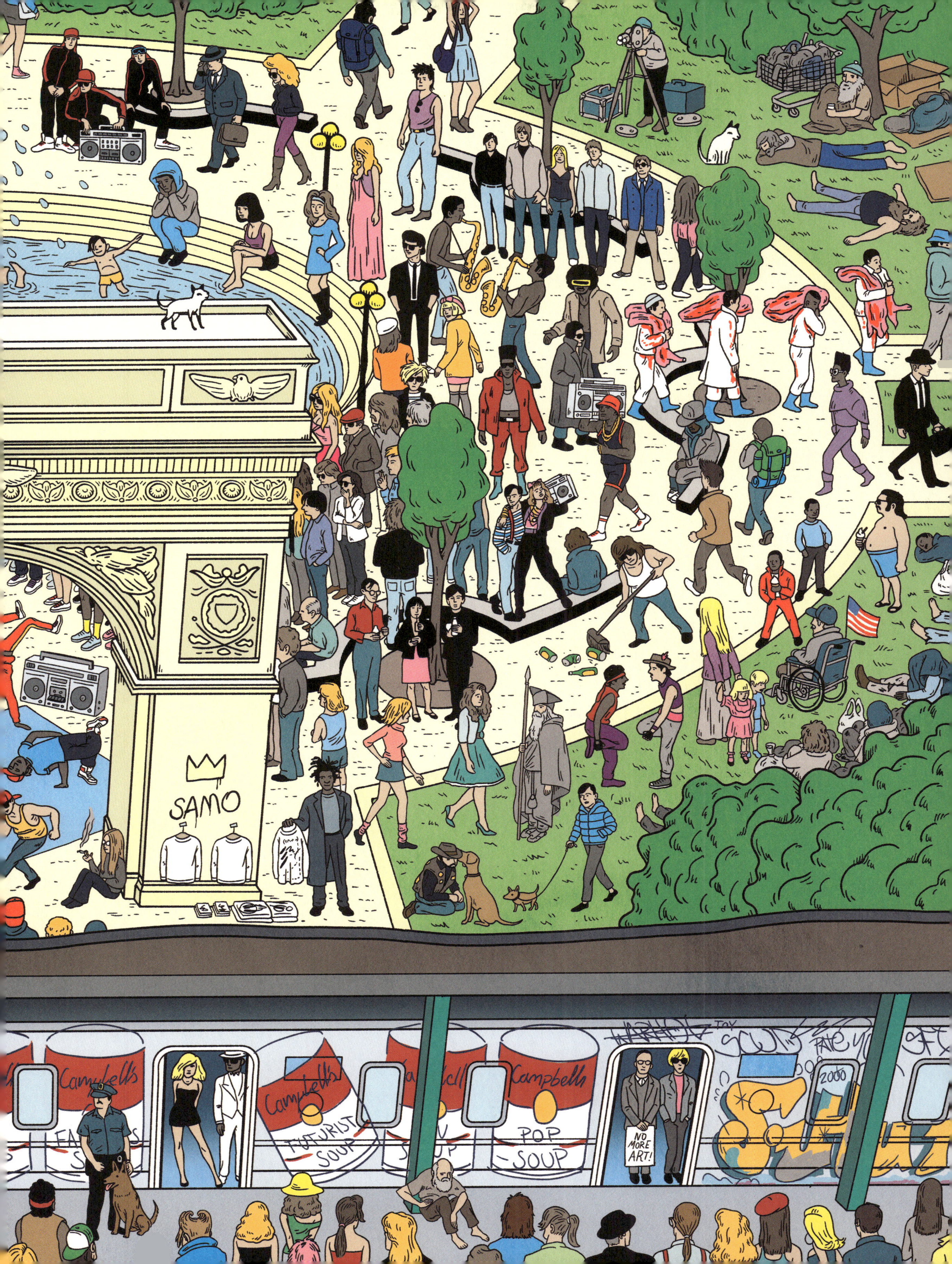
SAMO
Campbell's
Campbell's
FUTURIST SOUP
Campbell's
POP SOUP
NO MORE ART!
TOY
2000

STUDIO 54

Das New York der 1970er-Jahre war im Vergleich zu heute eine völlig andere Stadt. Vor dem Hintergrund hoher Kriminalität, politischer Unzufriedenheit und sozialer Ungleichheit schufen **Steve Rubell** [1] und **Ian Schrager** [2] in einem alten Fernsehstudio in Manhattan eine Insel des Hedonismus – das berühmt-berüchtigte Studio 54.

Andy Warhol ließ sich fast jede Nacht dort sehen. Zu seinem Kreis gehörten **Elizabeth Taylor** [3], **Liza Minnelli** [4], **Elton John** [5], **Yves Saint Laurent** [6] und **Truman Capote** [7]. Warhol umgab sich am liebsten mit blutjungen und wunderschönen Menschen, aber im Club boten sich ihm auch Geschäftschancen. Warhol war zum Porträtisten von Prominenten und Stars geworden, und das angesagte Studio 54 war der perfekte Ort, um an neue Aufträge zu kommen.

Für gewöhnlich hing die Elite vor dem DJ-Pult oder auf der Galerie herum. **Diana Ross** [8], **Michael Jackson** [9] und **Grace Jones** [10] schnappten sich immer wieder mal das Mikro. Truman Capote liebte es, den DJ zu spielen. Pop-Ikonen, Filmstars, Spitzensportler, ja eigentlich jeder, der irgendwie berühmt und auf New-York-Besuch war, tauchte früher oder später im Club auf. Trotzdem gab es für keinen Prominenten die Garantie, hereingelassen zu werden. Die Nachtclub-Legende **Nile Rodgers** (11) wurde abgewiesen, ging nach Hause und schrieb den Studio-54-Klassiker »Le Freak«.

Die Türpolitik im Studio 54 ließ sich nicht ergründen. Der Türsteher **Marc Benecke** [12] hatte die Anordnung, jede Nacht von Neuem die perfekte Mischung zusammenzustellen. Man tat alles, um aufzufallen, und die Outfits wurden immer exzentrischer. Manchmal klappte es. Aber dann würzte Benecke das Publikum vielleicht lieber mit einer Prise irgendwelcher McDonalds-Angestellter, die eben von der Schicht kamen, oder mit ein paar braven Typen aus Harvard. Stundenlang standen die Leute Schlange hinter dem violetten Band und hätten alles darum gegeben, ins Studio 54 eingesogen und ins selig machende Wummern der Disco-Beats und der zuckenden Techno-Lichter hineingeworfen zu werden. Die ganze Nacht über liefen Disco-Klassiker wie Anita Wards »Ring My Bell«.

Die Fashion-Ikone **Diane von Fürstenberg** [13] erinnert sich: »Ich aß mit meinen Kindern zu Abend, zog meine Cowboystiefel an und ging für ein paar Stunden rüber.« Und **»Disco Sally«** [14] erlebte eine völlige Verwandlung. Die clevere Anwältin war mit 77 Jahren Witwe geworden. Sie trauerte noch um ihren verstorbenen Mann, als sie das Studio 54 entdeckte. Im Nu wurde sie zum vollendeten »Club Kid«, mit eng anliegenden Hosen, knöchelhohen Sneakers und einem unverwechselbaren Tanzstil.

Jede Nacht wurde eine andere Party gefeiert. War man einmal nicht da, wurde einem von Andy Warhol garantiert unter die Nase gerieben, dass man die BESTE aller Partys verpasst hatte. Oft gab es Themennächte. Filmpremieren fanden im Club statt, Promis ließen es dort krachen. Bei **Bianca Jagger**s [15] Party saß das Geburtstagskind auf einer wunderschönen weißen Stute. Steve Rubell schenkte Warhol einen Mülleimer voller Geld zum Geburtstag. Und Warhol sagte, es sei das schönste Geschenk, das er je bekommen habe.

Die letzte Party im Studio 54 war dagegen eine eher düstere Angelegenheit. Im Dezember 1979 wurden Rubell und Schrager wegen Steuerhinterziehung verhaftet; in den Wand- und Deckenverkleidungen des Clubs waren Geldverstecke gefunden worden. Bevor sie ihre dreizehnmonatige Gefängnisstrafe antraten, gaben sie eine Abschiedsparty. Und die Promis erwiesen ihnen die Ehre; Diana Ross brachte den Betreibern ein Ständchen, und Rubell spielte passenderweise den Song »My Way«.

Außerdem zu entdecken: **Arnold Schwarzenegger** [16], **Jack Nicholson** [17], **Björn Borg** [18], **Tina Turner** [19], **Rod Stewart** [20], **John Travolta** [21], **James Brown** [22], **Woody Allen** [23], **John McEnroe** [24] und Stammgast **»Rollerina«** auf ihren Rollschuhen [25].

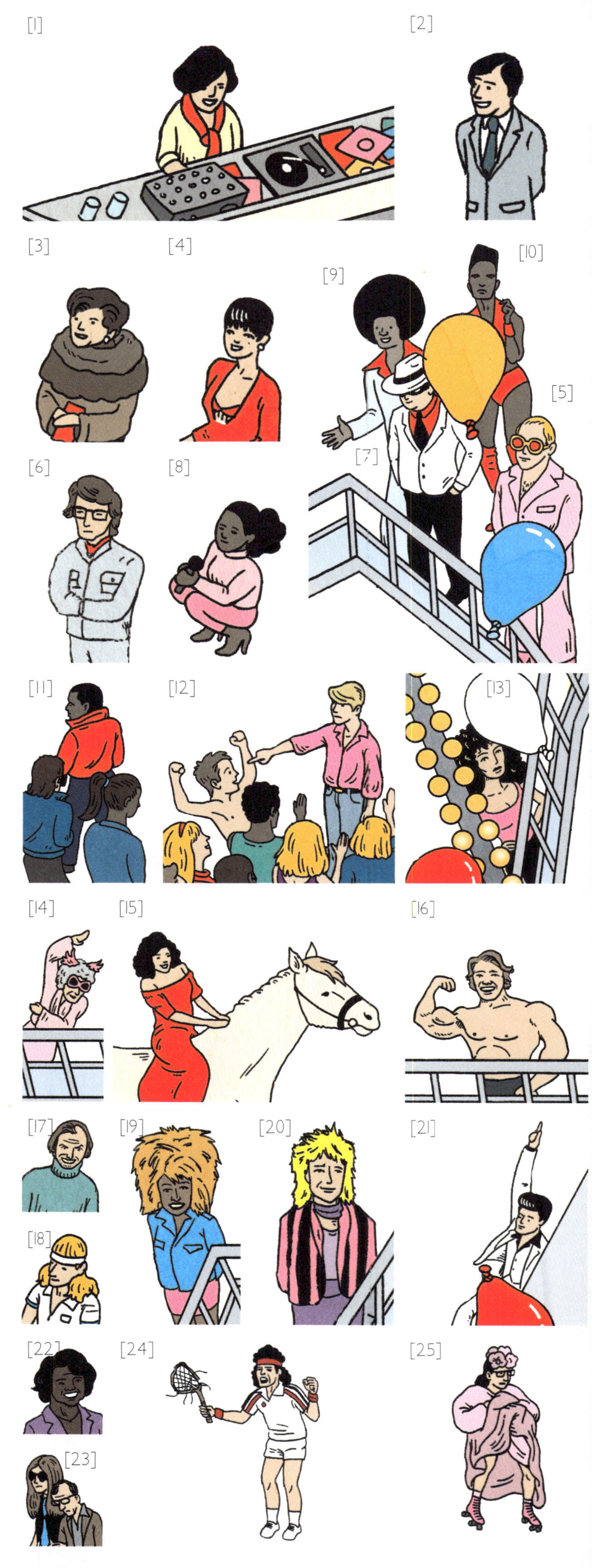

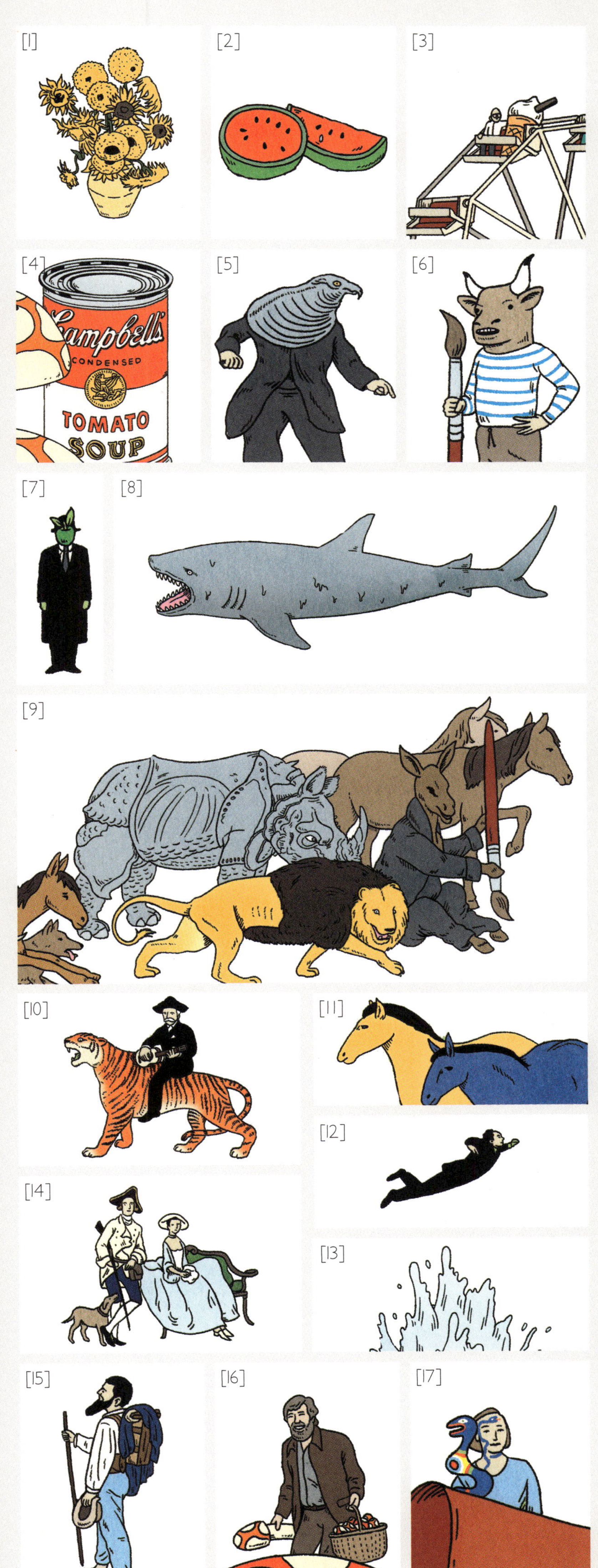

DER GARTEN DER KÜNSTLERISCHEN LÜSTE

Nichts in der Kunst der Renaissance, ja in der gesamten Geschichte der Kunst ist vergleichbar mit dem Triptychon »Der Garten der Lüste« von Hieronymus Bosch. Die absonderliche Fantasie des Künstlers bricht sich hier in einem riesigen und ungeheuer detailreichen Fest irdischen Daseins und irdischer Sinnlichkeit Bahn. Das Gemälde war ein Paukenschlag für die Kunst: Was Bosch hier so ausufernd und lustvoll darstellt – die lebenssprühenden Formen der Natur und die Freuden des Menschen –, hat Kunstschaffende aller Epochen inspiriert.

Während Hieronymus Boschs splitternackte Feiernde sich pralle, saftige Beeren schmecken lassen, zelebrieren Vincent van Goghs umwerfende **»Sonnenblumen«** [1] und Frida Kahlos üppig leuchtende **Wassermelonen-Bilder** [2] dieselbe intensive, lebendige Kraft der Natur. In Boschs überbordenden Bildern schwingt ein unheimlicher Ton mit, der an die Pop-Art erinnert: Gut vorstellbar, dass seine riesenhaften Fische und Früchte auf ein und demselben Tablett mit Claes Oldenburgs gigantischen Burgern und **Eisportionen** [3] serviert werden, Seite an Seite mit Andy Warhols übergroßen **Suppendosen** [4].

Das Merkwürdigste bei Bosch sind seine Zwittergestalten und Mischwesen. Sie vertragen sich bestens mit den **Vogelkopf-Menschen** [5] von Max Ernst, mit Picassos Lieblingsfigur, dem **Minotaurus** [6], oder mit René Magrittes apfelköpfigem **Büromensch** [7]. Damien Hirsts **Haifisch** [8] fügt sich ohne Weiteres in die Prozession im Zentrum von Boschs Garten, bei der wie bei einer sonderbaren Zeremonie tote Fische im Kreis getragen werden.

Wilde Tiere übten zu allen Zeiten einen besonderen Reiz aus. Giraffen und Elefanten kannte Hieronymus Bosch nur von Abbildungen. Und auch Albrecht Dürer bekam nie ein **Rhinozeros** [9] zu Gesicht: Wie Bosch ließ er sich von einem Bild dieses sagenhaften, gleichsam urzeitlichen Tieres aus fernen Weltgegenden verzaubern. Als irgendwann die ersten Zoos eröffneten, wurde das Wilde allmählich eingehegt: Frances Broomefields Version von Henri Rousseaus **Tiger** [10] ist nicht sehr furchteinflößend. Und Franz Marcs **blaue und gelbe Pferde** [11] wirken ziemlich friedlich.

Das Geheimnis des Gartens enträtselt sich in den Gewalten der Natur. Der blaue Himmel ist ein durch und durch spirituelles Gefilde, wo Cherubim umherfliegen, heliumgefüllte Ballons verschwinden und **Yves Klein** [12] ins Leere springt. Und das Wasser regt die irdischen Freuden an. David Hockney fand sein Vergnügen am Schwimmen, und das Pool-Leben Hollywoods, wie er es in seinem Bild **»A Bigger Splash«** [13] anschaulich macht, unterscheidet sich gar nicht so sehr von Boschs nacktem Badefest.

In Boschs Epoche war der Garten Eigentum Gottes, aber im Laufe der Zeit wurden die weiten grünen Wiesen, Weiden und Auen immer weltlichere Orte. Und so verherrlicht Thomas Gainsborough **Mr. und Mrs. Andrews** [14], wie sie über ihre Ländereien walten, während **Gustave Courbet** [15] den Naturmenschen preist. Durch die Wildnis zu stromern, wurde unter Stadtmenschen, die es hinaus aufs Land zog, ein beliebter Zeitvertreib. **John Cage** [16] war ein leidenschaftlicher Pilzsammler. Andere Künstler, wie **Niki de Saint Phalle** [17], erschufen ganze Gärten aus ihren eigenen Kunstwerken.

»Der Garten der künstlerischen Lüste« ist ein Fest der schöpferischen Fantasie, Hieronymus Bosch sei Dank; und dank Generationen von Künstlern, die sich von der Natur und den Freuden des Menschen inspirieren ließen, ist in diesem Garten eine Menge los – wie viele Künstler und ihre Werke lassen sich hier wohl noch aufspüren?

MICHELANGELO MALT DIE SIXTINISCHE KAPELLE AUS

Im Jahr 1504 klaffte im blaugestirnten Deckengewölbe der Sixtinischen Kapelle auf einmal ein langer Riss. Statt die Decke einfach übermalen zu lassen, beauftragte **Papst Julius II.** [1] **Michelangelo** [2] damit, ganz neue Fresken anzufertigen. Sofort kam es zu Spannungen. Zufällig bekam Michelangelo ein Gespräch zwischen dem päpstlichen Architekten **Donato Bramante** [3] und **Kardinal Alidosi** [4] mit. Aus dieser Unterhaltung schien hervorzugehen, dass der Auftrag mit dem Kalkül ergangen war, Michelangelo zu demütigen und die Freskenmalerei als seine Schwachstelle zu offenbaren. Nach Michelangelos öffentlicher Bloßstellung planten sie, seinen großen Rivalen **Raffael** [5] an seine Stelle zu setzen. Michelangelo schwankte zwischen Verzweiflung (»Ich habe hier nichts zu suchen – ich bin kein Maler«) und der festen Entschlossenheit, den Auftrag nicht an den jungen Raffael zu verlieren, den er seiner »extravaganten Kleider und eleganten Frauen wegen« nicht ausstehen konnte.

Andy Warhol, der Society-Voyeur, wäre von dem sich entfaltenden Drama der Renaissance-Kunstwelt entzückt gewesen. Michelangelo hasste Raffael, **Leonardo** [6] jedoch verabscheute er geradezu. Die drei Renaissance-Meister standen in erbitterter Konkurrenz zueinander. Es war ein Wettstreit um die wahre Meisterschaft in der Darstellung des Menschen. Der junge Michelangelo machte sich öffentlich über Leonardo lustig, während Leonardo behauptete, Michelangelos ausdrucksstarke Anatomie lasse den menschlichen Körper aussehen wie einen Sack Walnüsse. Im Jahre 1504 wurde Michelangelos legendäre, knapp viereinhalb Meter hohe David-Statue auf der Piazza della Signoria in Florenz unter großem Beifall feierlich enthüllt. Michelangelo blieb dennoch ein unsicherer Maler. Es ist wahrscheinlich, dass er im intimen Raum der Sixtinischen Kapelle immer wieder die Bravour seiner Konkurrenten vor Augen hatte, angefangen bei dem faszinierenden Realismus der ***Mona Lisa*** [7] und der ***Dame mit dem Hermelin*** [8] bis hin zur vibrierenden Sinnlichkeit der Figuren Raffaels.

Die Arbeit an den Fresken war außerordentlich zermürbend, und die Kapelle stand weiterhin dem Gottesdienst offen. Als ein zutiefst zerrissener und streitlustiger Mensch hängte Michelangelo mit Genuss an die große Glocke, dass Bramantes Entwurf für ein hängendes Malgerüst grundsätzlich nichts tauge, um daraufhin seine eigene, brillante Konstruktion vorzustellen, bei der das Gerüst auf Stützen auf der Balustrade aufgestellt war und das Deckengewölbe vollkommen frei ließ. Daneben war er auch in eher private Querelen verstrickt, zum Beispiel in den Streit mit seinem zwielichtigen jüngeren Bruder **Gismondo** [9], der regelmäßig in der Kapelle auftauchte, um Geld zu fordern.

Während der Auftrag lief, weilte Julius II., auch bekannt als der »Krieger-Papst«, zumeist fernab von Rom, um Krieg zu führen. Wenn er zurückkehrte, wünschte er Michelangelos Fortschritte zu begutachten, doch Michelangelo duldete keine Störung durch das Kirchenoberhaupt; er saß ganz oben auf der Leiter und verweigerte dem Papst den Durchgang zu den Fresken. Dass der Papst vor Wut kochte, ist nicht verwunderlich. Er war ein vielbeschäftigter Mann – im Haus seiner Kirche hatte er auswärtige Angelegenheiten zu klären, beispielsweise dem dreizehnjährigen **Heinrich VIII.** [10] die Sondererlaubnis zu erteilen, die Witwe seines Bruders, **Katharina von Aragon** [11], zu heiraten.

Der Auftrag endete so dramatisch, wie er begonnen hatte. Verstrickt in seine schöpferische Vision, hatte Michelangelo größte Mühe, zum Ende zu kommen. Der Krieger-Papst gab ihm ein Ultimatum: Werde fertig, oder wir stürzen dich vom Gerüst.

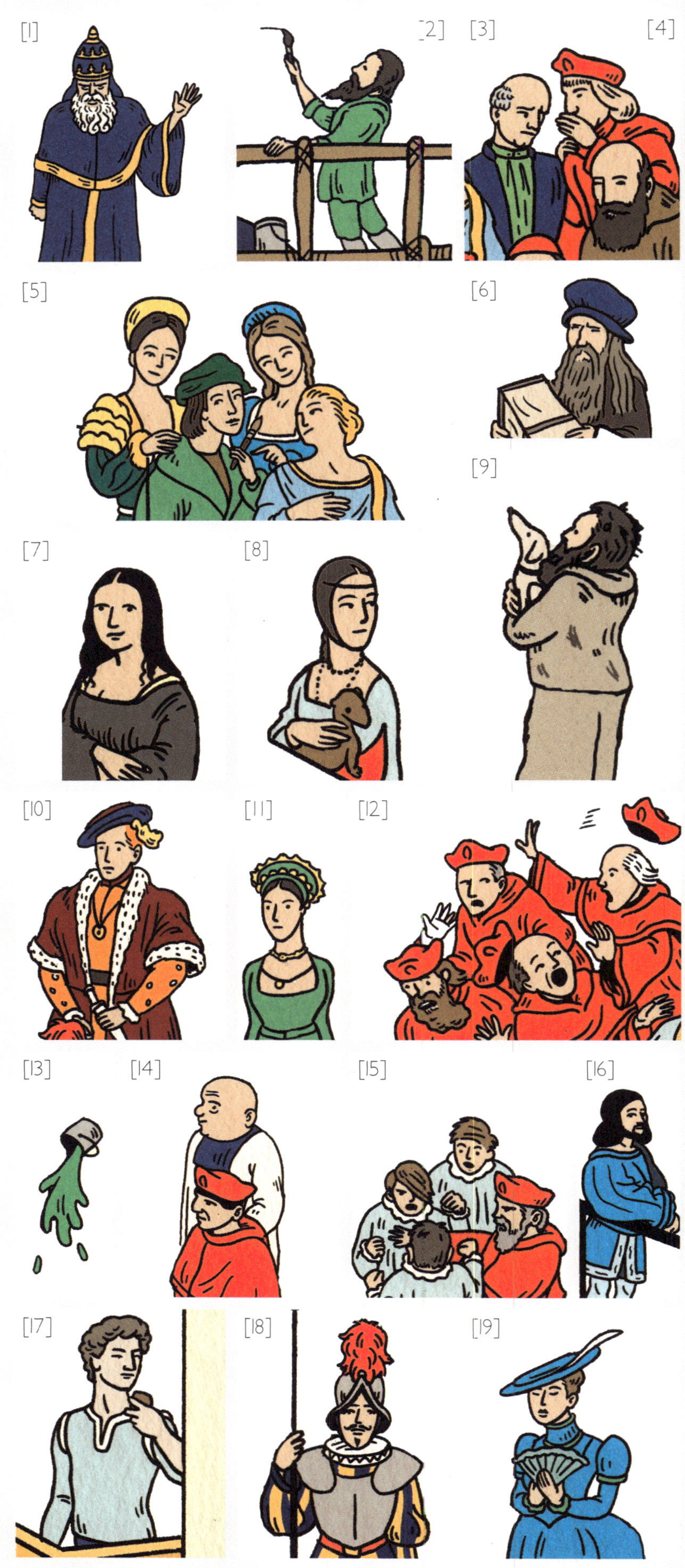

Außerdem zu entdecken: Ein **Grüppchen zänkischer Kardinäle** [12], ein **Farbtopf-Unglück im Entstehen** [13], ein **besorgt dreinblickender Chorherr** [14], eine **Gruppe disputierender Chorknaben** [15], ein **wohlbekannter venezianischer Zuschauer im Pufärmelgewand** [16], eine **berühmte Michelangelo-Skulptur** [17], ein **Angehöriger der päpstlichen Schweizergarde** [18] und eine **elegante Dame mit Fächer** [19].

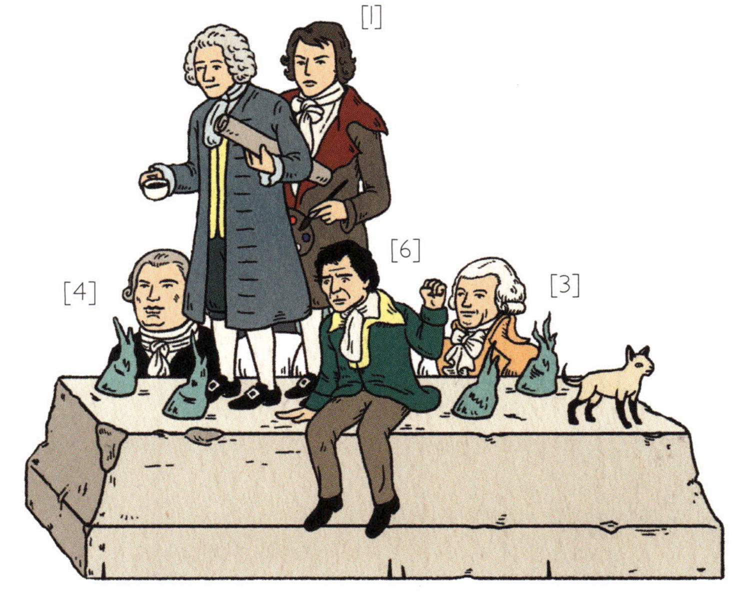

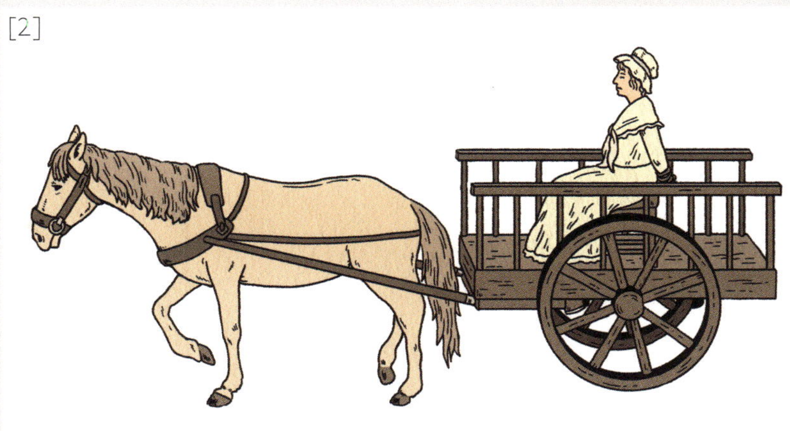

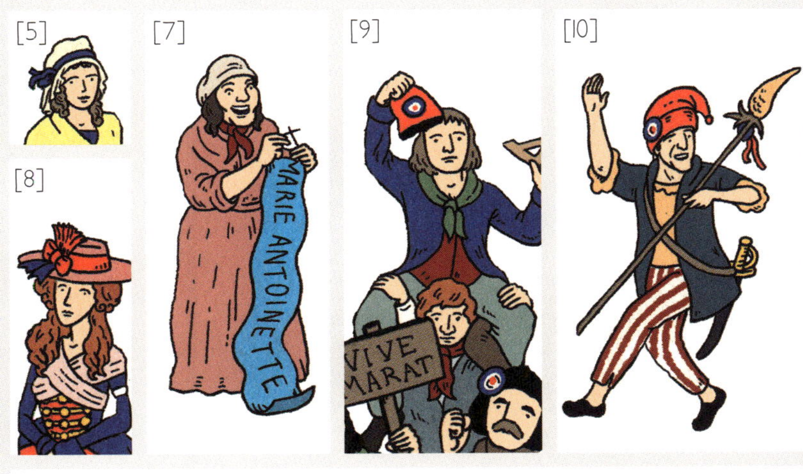

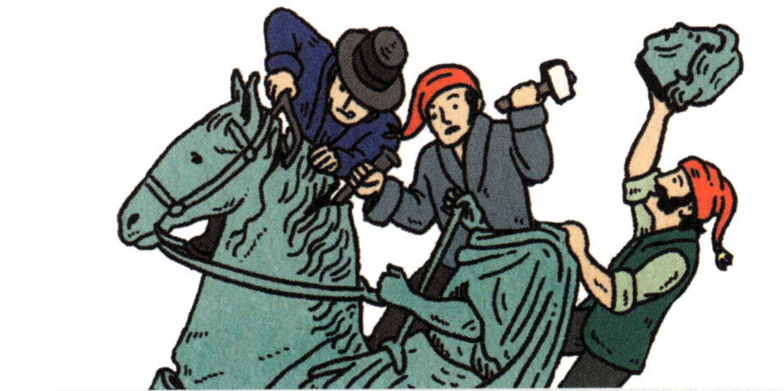

DIE HINRICHTUNG DER MARIE ANTOINETTE

der französische Maler **Jacques-Louis David** [1] zeichnete am 16. Oktober 1793 **Marie Antoinette** [2], wie sie in einem ärmlichen Holzkarren an ihm vorbeigefahren wurde – auf dem Weg zur Guillotine auf dem Revolutionsplatz. Frankreichs einstige Königin war in einem erbarmungswürdigen Zustand, das Haar war geschoren, auf dem Kopf trug sie eine schlichte Haube und am Leib ein weißes Gewand. Die Obrigkeit hatte ihr die Bitte abgeschlagen, zu Ehren ihres toten Ehemanns König Ludwig XVI. Schwarz zu tragen, der auf der gleichen Guillotine hingerichtet worden war.

Als Marie Antoinette die Stufen zum Schafott hinaufging, stieg sie versehentlich dem Henker auf die Zehen und sprach ihre letzten Worte: »Entschuldigen Sie, mein Herr, das wollte ich nicht.«

Die Französische Revolution war in die Herrschaft der *Terreur*, des Schreckens eingetreten. Revolutionsführer **Maximilien Robespierre** [3] agierte immer gnadenloser. Nur wenige, wie **Georges Danton** [4] und **Charlotte Corday** [5], sprachen sich gegen die extreme Gewalt aus. Charlotte Corday, die **Jean-Paul Marat** [6] beschuldigte, in seiner revolutionären Zeitung zur Gewalt anzustacheln, erdolchte diesen bekanntlich, während er gerade in der Badewanne saß. Die Zahl der Hinrichtungen nahm immer weiter zu. Eltern nahmen ihre Kinder mit zu den Enthauptungen. Waisenkinder irrten durch die Zuschauermenge. *Tricoteuses*, auf Deutsch Strickerinnen, saßen in Grüppchen am Fuß des Schafotts und strickten. In seiner Erzählung *Eine Geschichte aus zwei Städten* lässt Charles Dickens die böse **Madame Defarge** [7] den Namen des nächsten Opfers in ihre grausige Todesliste, welche die Form eines Wollschals hatte, einstricken. Im Verhalten der Öffentlichkeit während der Revolution deuten sich auf seltsame Weise die Überlegungen an, die Andy Warhol über seine eigene Generation anstellte. Diese sei durch die ständige Bombardierung mit Gewaltdarstellungen im Fernsehen gefühllos geworden: »Die Leute machen einfach weiter, ohne sich groß darum zu scheren, dass irgendein Unbekannter getötet worden ist.«

Marie Antoinette war keine Unbekannte; doch die Atmosphäre bei ihrer Hinrichtung war geradezu verroht. Robespierre, wie immer makellos gekleidet und mit gebürstetem, weißgepudertem Haar, orchestrierte das Ereignis, als sei es ein Straßenfestival. Es gab eine feste Kleiderordnung. Frauen mussten **das Band mit der Trikolore tragen** [8], Männer eine **Kokarde** und die **Freiheitsmütze** [9]. Ein **Spaßmacher** [10] heizte die Menge auf, die in Ungnade gefallene Königin zu verspotten. Nach der Enthauptung wurde ihr Kopf der johlenden Menge zur Schau gestellt und ihr Körper in ein namenloses Massengrab geworfen.

Im Paris der Revolutionszeit arbeiteten Künstler blindwütig an der Zerstörung von Kunstwerken. **Bilderstürmer** [11] kippten das mächtige Standbild von Ludwig XV. um, das vorher den Platz dominiert hatte. Das war frühe Graffiti-Kunst – wobei das Street Tag der Revolution einfach der leere Raum war.

POMPEJI

Pompeji hat Generationen von Kunstschaffenden inspiriert. 1985 machte Andy Warhol eine Serie von Siebdrucken vom Vesuv, jenem Vulkan, der die Stadt im Jahre 79 nach Christus zerstörte. **Picasso** [1] besuchte die Stätten 1917. Die Rocklegende **Pink Floyd** [2] spielte ohne Publikum im großen römischen Amphitheater für den Konzert-Dokumentarfilm *Live at Pompeii*. Nach der Wiederentdeckung von Pompeji im Jahr 1748 wurde die Stadt in den folgenden zwei Jahrhunderten nach und nach ausgegraben. **Sigmund Freud** [3] war fasziniert vom Ausgrabungsprozess und verglich ihn mit der Psychoanalyse, bei der ebenfalls eine versteckte Geschichte entschleiert wird.

In der zweiten Hälfte des achtzehnten Jahrhunderts befand sich Neapel häufig unter fremder Herrschaft - die großen Militärführer **Lord Nelson** [4] und **Joseph Bonaparte** [5] wandelten über Pompejis antikes Steinpflaster. Viele verfolgten die Ausgrabungen mit ausgemachtem Geschäftssinn, insbesondere der britische Botschafter **Sir William Hamilton** [6], der für die in der Stätte aufgefundenen Kunstgegenstände verantwortlich war. Er häufte eine unvorstellbare persönliche Sammlung antiker Vasen an, die später **Josiah Wedgwood** [7] als stilistisches Vorbild für seine Keramiken diente. (Vor lauter Beschäftigung mit seinen antiken Gefäßen merkte Hamilton gar nicht, dass seine kokette Gattin **Emma** [8] ihm mit einer Affäre mit Lord Nelson Hörner aufsetzte.)

Der Isistempel war eines der ersten Bauwerke, das freigelegt wurde. Umgehend wurde Pompeji dadurch zum modischen Reiseziel der Oberschicht und von Künstlern während ihrer *Grand Tour*. Unter den Besuchern waren auch **William Turner** [9] und der junge **Wolfgang Amadeus Mozart** [10]; der Isistempel lieferte die Inspiration für Mozarts Oper *Die Zauberflöte*.

Als man im neunzehnten Jahrhundert die Freudenhäuser und die öffentlichen Bäder ausgrub, war der Name Pompeji auf einmal vom Schauer der Dekadenz umweht. Der extravagante Roman *Die letzten Tage von Pompeji* des englischen Schriftstellers Edward Bulwer-Lytton wurde zum Kultbuch des viktorianischen Zeitalters. Die Hauptfiguren Glaucus und das blinde Sklavenmädchen Nydia wurden ebenso wirklich wie **Julius Caesar** [11]. Auch **Salvador Dalí** [12] ließ sich von dem Drama beflügeln.

Ein anderer, außerordentlich einflussreicher Pompeji-Roman war Wilhelm Jensens *Gradiva*. Norbert, der Protagonist, verliebt sich in **Gradiva** [13], ein auf einem Bas-Relief dargestelltes römisches Mädchen, und begibt sich auf Zeitreise, um sie im antiken Pompeji wiederzufinden. Sigmund Freud und die Surrealisten waren fasziniert von der Geschichte. **André Breton** [14] nannte seine Galerie, bei deren Gestaltung er mit **Marcel Duchamp** [15] zusammenarbeitete, Gradiva.

Das Grauen von Pompeji wurde in seinem ganzen Ausmaß sichtbar, als man im neunzehnten Jahrhundert begann, **Gipsabgüsse** [16] anzufertigen. Menschliche Körper kamen zum Vorschein, wie sie sich in Todesqualen krümmten, aufschrien, vergebens versuchten, ihre Kinder zu beschützen. Die erstarrten Formen, welche die Gipsabgüsse ans Licht brachten, fanden ihren Widerhall in der Moderne als Ausdruck des Traumas der Massenvernichtung, wie es nicht nur in Naturkatastrophen, sondern auch im menschengemachten Gemetzel des Krieges erfahren wird. Für die englische Künstlerin **Rachel Whiteread** [17], die sich schon immer für Pompeji interessierte, ist das Abgussverfahren ein zentrales Element ihrer Arbeit. So verwendete sie es auch, um ihr unglaubliches Denkmal für die 65.000 österreichischen Holocaust-Opfer zu realisieren. Der Bildhauer **Antony Gormley** [18] huldigte in seiner Kunst ebenfalls den Gipsabgüssen von Pompeji. Jede Generation, so scheint es, findet für Pompejis schreckliche Vergangenheit ihre eigene, neue Lesart.

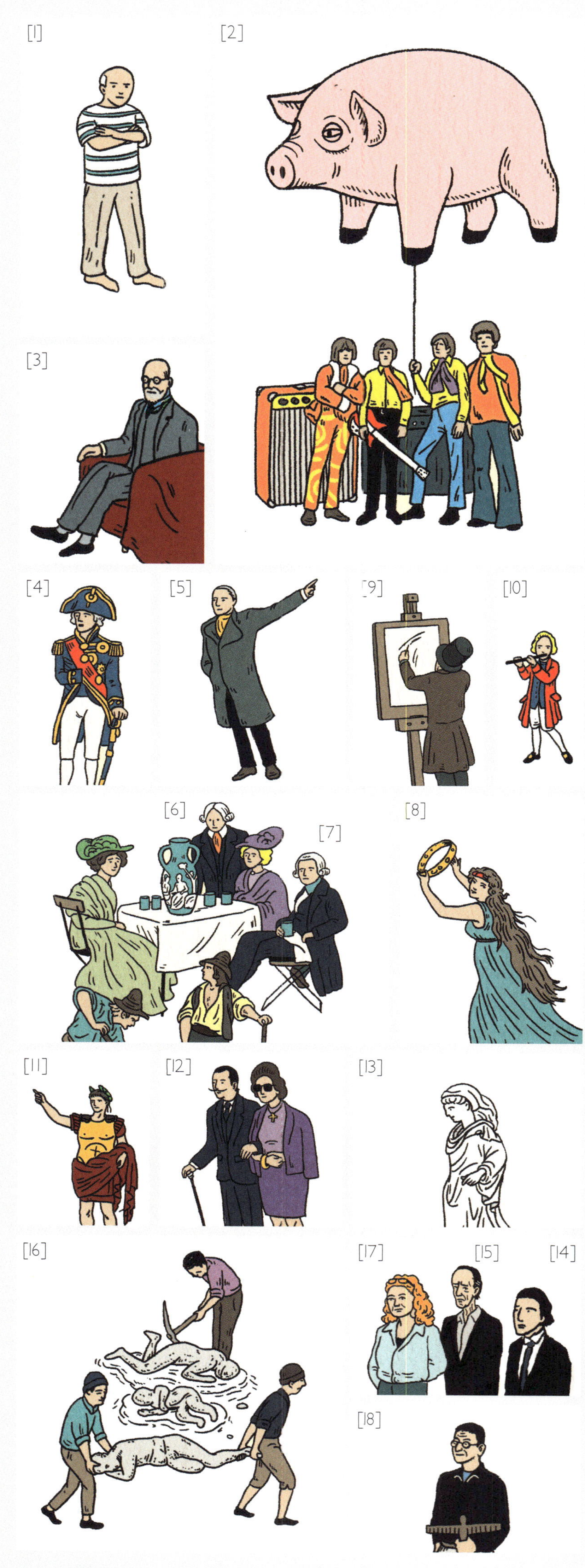

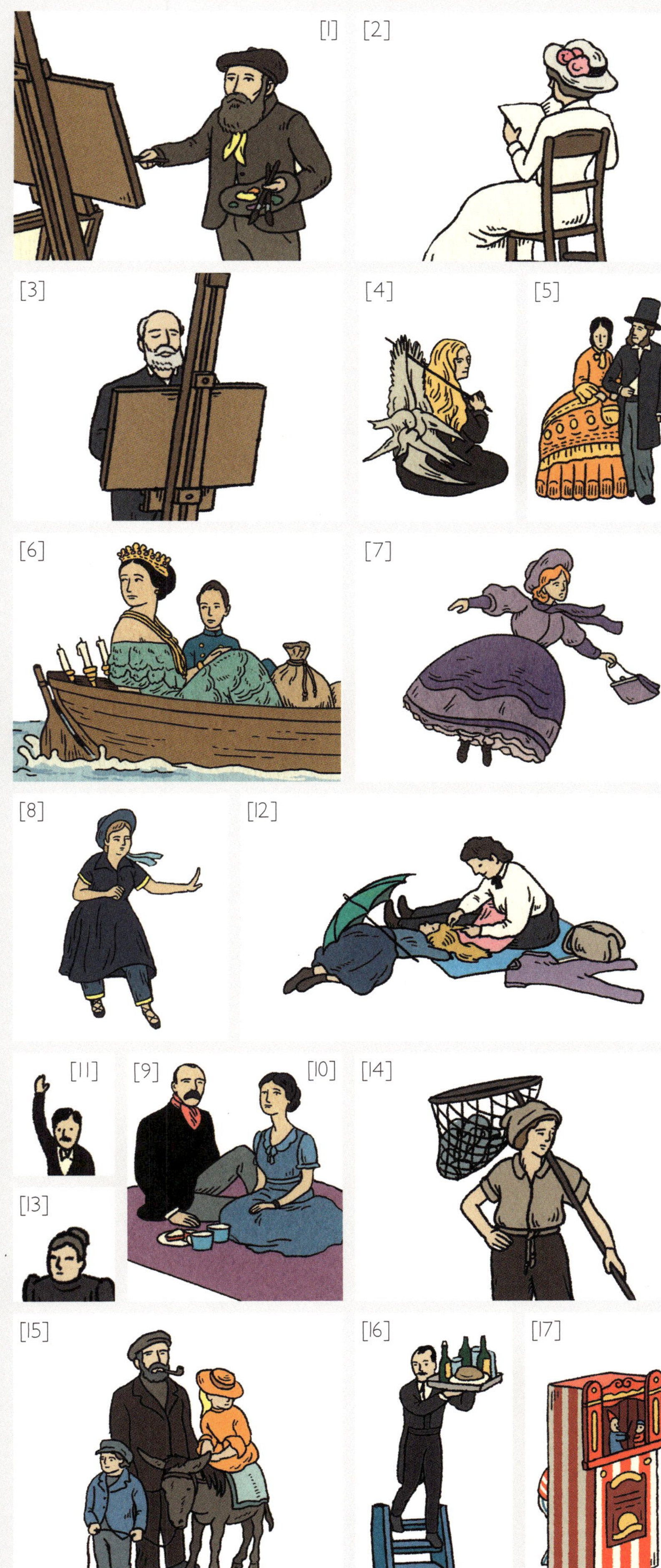

AM STRAND VON TROUVILLE

Im Sommer 1870 verbrachten **Claude Monet** [1] und seine frisch angetraute Ehefrau **Camille** [2] ihre Flitterwochen in dem noblen französischen Seebad Trouville. Monets Beweggründe, diesen Badeort zu seinem Reiseziel zu machen, waren nicht so sehr romantischer Art, sondern hatten mit seiner Arbeit zu tun. Die Reichen und Berühmten logierten im luxuriösen Hôtel des Roches Noires, und Monets Freund **Eugène Boudin** [3] hatte diese elegante Kulisse bereits über Jahre hinweg gemalt. Monet witterte womöglich Geschäftschancen, also etwas, worauf auch Andy Warhol ständig aus war. Genau wie er hatte auch Monet einen besonderen Riecher für ein gutes Bild und erfasste sein Sujet genau zur rechten Zeit. So beschloss Warhol nur wenige Tage nach Marilyn Monroes Tod, das heute weltberühmte Pressefoto der Monroe als Siebdruckvorlage zu verwenden. Und Monet porträtierte die glanzvolle Welt des Second Empire noch in den letzten Tagen vor dessen Zusammenbruch.

Kaum war Trouville an die Eisenbahn angeschlossen, veränderte sich der schläfrige Fischerort. **Gustave Courbet** [3] malte das alte, ländliche Trouville; sein Porträt eines **Fischermädchens mit toten Möwen, die es an einer Stange über der Schulter trägt** [4], bildet einen Missklang inmitten all der neuen, eleganten Sujets. In den 1860er-Jahren war die Strandpromenade ein Laufsteg der Décadence des Second Empire, auf dem **Prinzessin Metternich** [5] und **Kaiserin Eugénie** [6] (die Gattin von Napoleon III.) in den allerneuesten Garderoben von Charles Frederick Worth entlangflanierten. Die bauschigen Reifröcke vergangener Tage waren zum Gespött geworden; in einer Zeitung erschien eine satirische Darstellung, wie **Frauen in altmodischen Krinolinen vom Wind davongeweht wurden** [7].

Trouville wurde aufgeräumt, überall wurden Promenaden angelegt, und ähnlich wie bei Baron Haussmanns Rationalisierung von Paris wurde den natürlichen Gegebenheiten eine rasterartige Struktur aufgezwungen. Dennoch waren der Beherrschung der Natur Grenzen gesetzt. So schleppte man zwar Lehnstühle auf den Strand, aber der Wind hörte nicht auf, über die Küste hinwegzupeitschen, und die See selbst blieb für die meisten Gäste fremdes Gebiet. Von Strandhütten aus stiegen die **Modebewussten in ihren wallenden Badegewändern** [8] ins Wasser, wo sie sich nervös am Rettungsseil festklammerten. Währenddessen wuchs die nostalgische Sehnsucht nach dem ländlichen Leben, das zerstört worden war. Und so bezahlte man die Fischer dafür, ihren Fang direkt auf dem Strand zu löschen, und Ortsansässige bahnten sich ihren Weg durch die noble Kulisse.

Die Literaten, die den Ort besuchten, verliehen Trouville das Flair des Romantischen. 1836 verliebte sich der fünfzehnjährige **Gustave Flaubert** [9] in die sechsundzwanzigjährige **Élisa Schlésinger** [10]. Élisa blieb ihr Leben lang Flauberts Muse, und er kehrte viele Male nach Trouville zurück. Das Seebad zog auch weiterhin die Schriftsteller an. Unter anderem war **Marcel Proust** [11] ein regelmäßiger Gast.

Der Glamour von Trouville überstrahlte jedoch nie ganz die unterschwelligen Spannungen. In einem Gemälde stellt Édouard Manet ein **gelangweiltes Kind mit seiner Kinderfrau auf einem windumtosten Strand der Normandie** [12] dar. Und Monets Flitterwochen-Gemälde *Am Strand von Trouville* strahlt eine verstörende Unbehaglichkeit aus. Monets junge Ehefrau sitzt mit sonderbar maskenhaftem Gesichtsausdruck bei bewölktem Himmel am Wasser. Vielleicht hatte sie bereits genug von ihrem Ehemann, der immer nur mit seiner Malerei beschäftigt war.

Im Jahr 1870 erlebte das Second Empire seinen Zusammenbruch. Im Spätsommer brach der Krieg zwischen Frankreich und Preußen aus. Um der Einberufung zu entgehen, floh Monet von Trouvilles Meeresküste nach England. Einen Tag später entkam auch Kaiserin Eugenie mit dem Boot, zusammen mit ihrem Sohn und all ihrem Schmuck.

Außerdem zu entdecken: **Marcel Prousts Mutter** [13], die **Frau eines Fischers** [14], **Eselreiten** [15], ein **Kellner, der alle Hände voll zu tun hat** [16], und ein **Puppentheater** [17].

DAS BAUHAUS

Das Bauhaus ist und bleibt die Ikone unter den Kunstschulen der Moderne. **Walter Gropius** [1], der Begründer und Schöpfer des Bauhauses, hatte während des Ersten Weltkriegs als Soldat für die Deutschen gekämpft, und die grässliche Erfahrung des Krieges hatte in ihm das Gefühl geweckt, dass die Gesellschaft sich dringend neu definieren, dass sie bei null anfangen musste. Er hatte die Vision, Kunst und Industrie zu vereinen und die Kunst inmitten des Alltagslebens zu verankern. Er wollte schön gestaltete, massengefertigte Gegenstände herstellen, um Wohnungen und Häusern neues Leben einzuhauchen und die urbane Landschaft zu erneuern. Es war ein radikales Umdenken.

Gropius' Alltagsverständnis von Kunst machte aus der Kunst ein Geschäft - eine Auffassung, der auch Andy Warhol anhing, der selbst als Grafiker in der Werbebranche anfing und einmal sagte: »Einen guten Geschäftssinn zu haben, ist die faszinierendste Art von Kunst. Geldverdienen ist Kunst, Arbeiten ist Kunst, und ein gutes Geschäft ist die beste Kunst.«

Gropius gestaltete die Bauhaus-Schule in Dessau. Die Stahlskelett-konstruktion, kubische Räume und eine kühne Glasfassade kündigten einen neuen, internationalen Architekturstil an. Und die Lehre am Bauhaus war ebenso radikal und rigoros. In den experimentellen Werkstätten wurden die Studenten jeweils von einem »Meister« angeleitet, einem Pionier des Designs oder der Bildenden Kunst. Gropius lud **Paul Klee** [2] und **Wassily Kandinsky** [3] ein, dort zu unterrichten, die Metallwerkstatt wurden vom Konstruktivisten **László Moholy-Nagy** [4] und der gefeierten Designerin **Marianne Brandt** [5] geleitet, und die Meisterin der Webereiwerkstatt war **Gunta Stölzl** [6].

Die Studenten, die mit einem Schlag der Speerspitze der Avantgarde angehörten, arbeiteten Seite an Seite mit ihren Meistern und schufen Prototypen für die industrielle Herstellung. Die besten Studenten wurden selbst Meister. Der Bauhaus-Absolvent **Herbert Bayer** [7] wurde zum Meister der Werkstatt für Druck und Reklame ernannt und schuf seine klassische Kleinbuchstabenschrift, Architype Bayer. Ein Designklassiker nach dem anderen entstand: In der Möbelwerkstatt war es der Stahlrohrrahmen eines Fahrrads, der eine Anzahl stromlinienförmiger Sitzmöbel inspirierte, die heute als Ikonen gelten (wie zum Beispiel **Marcel Breuer**s [8] eleganter **Wassily-Sessel** [9]).

Am Bauhaus herrschte eine Stimmung wie zur Zeit des Punk. Die **Bauhaus-Band** [10] spielte experimentellen Dixieland, und **Oskar Schlemmer** [11] probte für seine abstrakten Tänze auf dem Dach des Gebäudes. Und dann gab es die sensationellen Partys wie das »Bart-Nasen-Herzensfest«, das »Weiße Fest« und als unglaublichen Höhepunkt das »Metallische Fest« - eine seltsame Welt blechfolienverkleideter Fenster und silberglitzernder Kugeln, von der gleichen astralen Schönheit wie Andy Warhols legendäres Studio in der Silver Factory.

Das Bauhaus blieb lediglich vierzehn Jahre bestehen, wobei seine kurze Lebensdauer mit dem Fortbestand der Weimarer Republik in Deutschland zusammenfiel. Als die Nazis an die Macht kamen, diffamierten sie die Schule als »eine der markantesten Stätten jüdisch-marxistischen Kunst-Willens«. **Bewaffnete Polizei** [12] schloss die Schule endgültig im Mai 1933, verwüstete das Gebäude und zerschlug die Fenster, wobei auch die symbolische Glasfassade zerschellte. Doch der Geist des Bauhauses lebte weiter. Im New Yorker Exil propagierte Walter Gropius weiterhin eine neue, internationale Architektur, und die Produkte aus den Bauhaus-Werkstätten sind seither weithin als einzigartig modernes Design anerkannt.

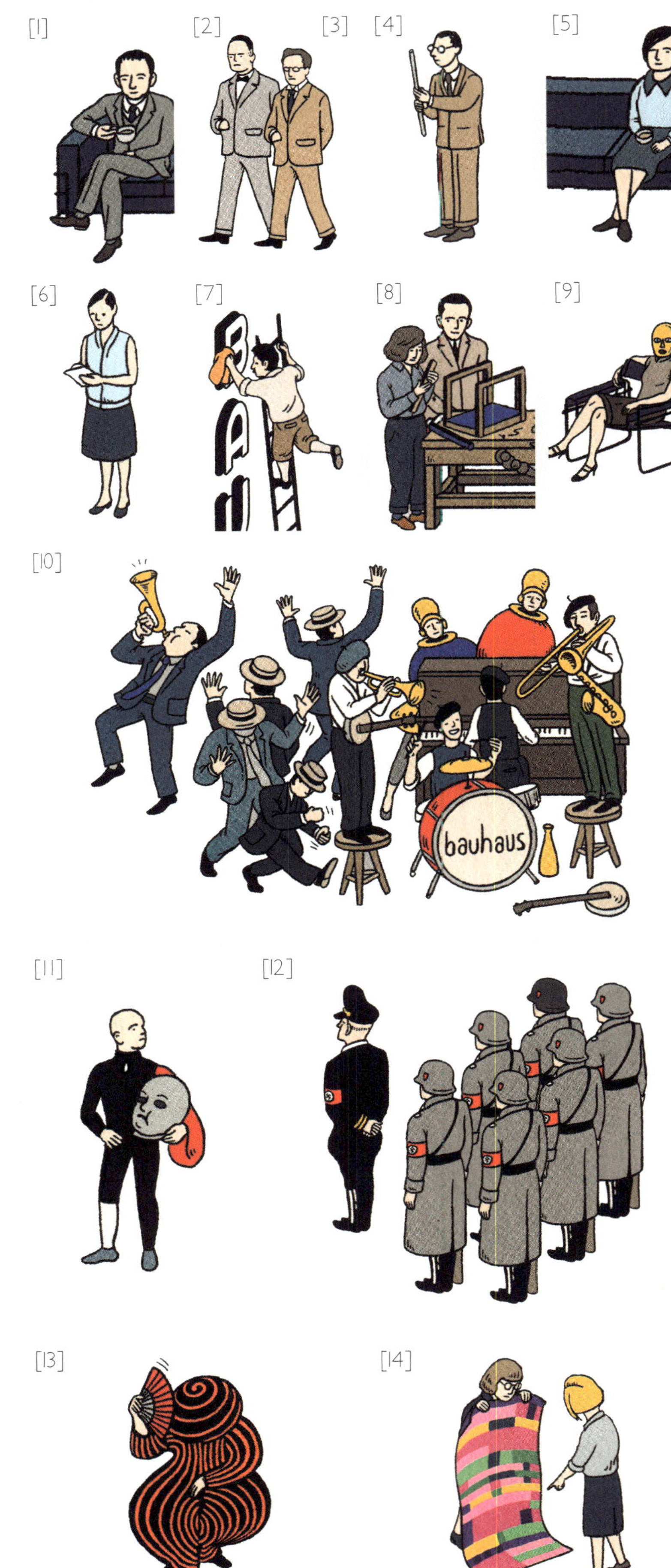

Außerdem zu entdecken: Eine **Tänzerin auf dem Dach in einem unglaublichen Kostüm** [13] und einige **wunderschöne Bauhaus-Teppiche** [14].

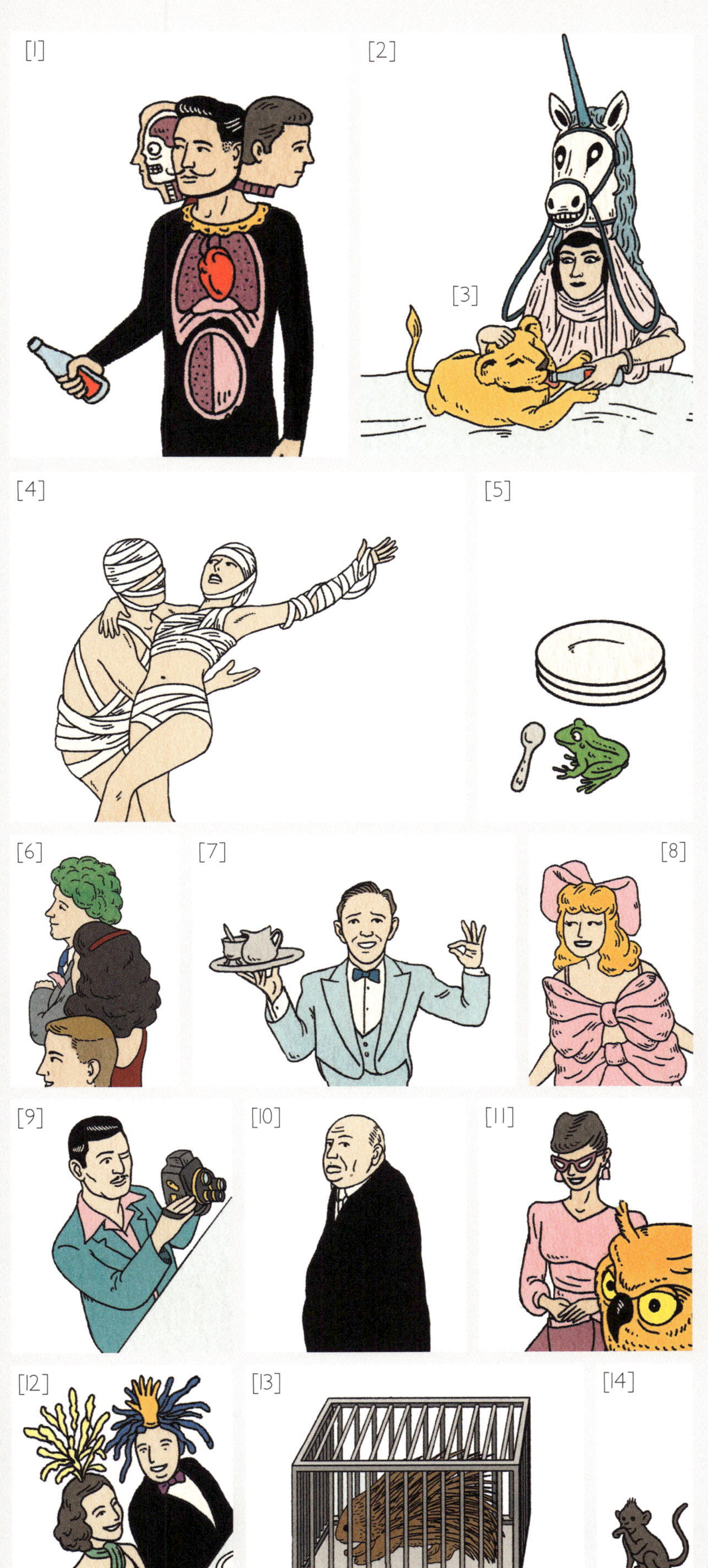

SALVADOR DALÍS »SURREALISTISCHE NACHT IN EINEM ZAUBERWALD«

Am 2. September 1942, nur ein paar Monate vor Pearl Harbor und Amerikas Eintritt in den Zweiten Weltkrieg, gab **Salvador Dalí** [1] im Hotel del Monte Lodge in Pebble Beach/Kalifornien die extravaganteste Party aller Zeiten. Vermutlich bezweckte Dalí, mit seiner Veranstaltung »Eine surrealistische Nacht in einem Zauberwald« Geld für vom Krieg ins Exil getriebene Künstler zu sammeln, aber er verpulverte ungeheure Summen und behielt am Ende nicht einen Pfennig übrig.

Dalís surrealistische Nacht war eigentlich ein Werbegag. Er hätte gern einen Fuß in die Filmindustrie bekommen, und die Party bot ihm die perfekte Gelegenheit, den Hollywood-Mächtigen seine surrealistischen Visionen vorzuführen. Seine Einkaufsliste für das Fest war verschwenderisch und bizarr und beinhaltete unter anderem 2.000 Tannen, das größte Bett Hollywoods, 500 Stöckelschuhe, ein Autowrack und diverse wilde Tiere. Aus diesen Versatzstücken ließ er eine makabre, zwielichtige Waldszenerie entstehen. Bläuliche lichter funkelten in den Bäumen, und Dalís Ehefrau **Gala** [2] führte von einem üppigen Bett aus den Vorsitz über die Party, während sie einen **Löwenwelpen** [3] mit einer Babyflasche fütterte und das lebende Bild eines Verkehrsunfalls betrachtete, wo ein halbnacktes Opfer lag und sich tot stellte. Im Laufe des Abends fegten plötzlich **zwei bandagierte Tänzer** [4] in einem halsbrecherischen Totentanz durch den Saal. Unterdessen wurde den Gästen, die allesamt dem Motto des Fantasiewaldes folgend gekleidet waren, in einem Schuh ein Hors d'œuvre aus Krabbenfleisch und Avocado serviert. Der Fischgang bestand aus **lebenden Fröschen** [5]. Die Frösche sprangen davon, und die Leute versuchten, sie unter den Tischen wieder einzufangen.

1941 war Andy Warhol ein dreizehnjähriger Junge und lebte in Pittsburgh, eine Stadt mit qualmenden Fabrikschornsteinen, die nach Jahren wirtschaftlicher Depression vollkommen am Ende war. Um seinem tristen Alltag zu entfliehen, hatte Warhol eine geradezu besessene Faszination für Hollywood entwickelt; er sammelte Autogramme von Hollywood-Berühmtheiten, und sein Schlafzimmer hing voller Pin-ups der Stars. Die Gästeliste für Dalís surrealistische Nacht hätte ihn elektrisiert. Die Hollywood-Ikonen **Bob Hope** [6], **Bing Crosby** [7], **Ginger Rogers** [8] und **Clark Gable** [9] gaben sich die Ehre. Und **Alfred Hitchcock** [10], **Gloria Vanderbilt** [11] und die **Sandfords** [12] waren extra aus New York eingeflogen.

Wie es seine Art war, schmollte Dalí die meiste Zeit des Abends. Der örtliche Zoo hatte ihm zwar den Löwenwelpen, ein **Stachelschwein** [13] und ein paar **Affen** [14] überlassen, ihm aber die Giraffe verweigert. Nichtsdestoweniger war der Abend ein großer Erfolg und hat Dalís Karriere wohl gehörigen Vorschub geleistet. 1945 gestaltete Dalí die Traumsequenz für Alfred Hitchcocks Film *Spellbound* (*Ich kämpfe um dich*), ein Jahr später arbeitete er gemeinsam mit Walt Disney an dem Animationsfilmprojekt *Destino*.

YVES KLEIN AN DER JUDO-SCHULE KŌDŌKAN

Am 22. August 1952, gar nicht lange nach Ende des Zweiten Weltkriegs und den verheerenden Atombombenabwürfen auf Hiroshima und Nagasaki, bestieg **Yves Klein** [1] ein Schiff in Richtung Japan. Er wollte am Kōdōkan-Institut in Tokio Judo studieren, an dem Ort also, wo diese Kampfkunst ihren Ausgang genommen hatte. Seine Freunde waren der Ansicht, es sei lächerlich, wegen etwas derart Banalem wie Judo eine solch weite Reise zu unternehmen. Klein war einer der ersten Europäer, der am Kōdōkan den 4. Dan errang.

Yves Klein spielte den Zusammenhang zwischen Judo und seiner Kunstpraxis für gewöhnlich herunter. Gleichwohl waren es nicht zuletzt die repetitiven Bewegungen im Judo, die ihn faszinierten, wie ein Freund bezeugt. Während seiner Zeit am Kōdōkan führte Yves Klein ein bebildertes Buch, welches die sechs Haupt-Katas illustrierte. Seine intensive Beschäftigung mit den vorgefertigten Formen des Judo mag durchaus die provokante Verwendung der Wiederholung in seiner künstlerischen Arbeit beeinflusst haben. Klein malte gern in immer derselben Farbe - seinem berühmten International Klein Blue (IKB). Er bestückte ganze Ausstellungen mit Gemälden von identischer Größe, alle in IKB. Diese insistierende Gleichförmigkeit stellte die Grundfesten der abendländischen modernen Kunst infrage, welche Originalität, Einzigartigkeit und Neuheit hochhielt.

In den 1970er-Jahren kaufte Andy Warhol einige von Yves Kleins Arbeiten. Warhols dreiste Kommerzkunst scheint himmelweit entfernt zu sein von Yves Kleins zutiefst spirituellen Gemälden. Aber auch Warhols Kunst war auf Wiederholung aufgebaut. Auch er war auf einen Bruch mit dem sakrosankten Originalitätsbegriff der Kunst aus. In seinem achtstündigen Empire-State-Building-Film verändert sich so gut wie nichts. Seine geliebten Campbell's Suppendosen zeigte er immer und immer wieder; er fand, »ich hätte einfach nur die Campbell's Suppen machen sollen«.

Jigorō Kanō [2], der Begründer des Judo, erinnerte immer wieder an dessen spirituelle Dimension. Die repetitiven Bewegungsabläufe des Judo schaffen im Treiben der modernen Welt mit ihren ständigen Reizen eine Ruhepause und spiegeln zugleich den Wesenskern des Zen-Buddhismus wider. Es ist ein Kampf der Strenge und der Anmut - das Schauspiel des Judo (und tatsächlich des Jiu Jitsu, aus welchem Judo hervorging) beeinflusste viele japanische Künstler. **Tsuguharu Foujita** [3], wegen seiner Pharaonenfrisur und seiner Liebe zu Katzen eine Berühmtheit der Pariser Kunstszene der 1920er-Jahre, besaß einen schwarzen Gürtel des Kōdōkan. Und der Scharfsinn sowohl des Generaldirektors von Toyota, **Hiroshi Okuda** [4], als auch des Medizin-Nobelpreisträgers **Shinya Yamanaka** [5] ist nicht zuletzt auf Judo zurückzuführen.

Breitere internationale Aufmerksamkeit wurde Judo zuteil, als es 1964 olympische Sportart wurde. Mit den Helden des Manga und mit westlichen Filmen, in denen stolz seine Bewegungsabläufe vorgeführt wurden, wurde Judo ein Teil der Pop-Kultur. Sogar Staats- und Regierungschefs fühlten sich zu diesem Sport hingezogen: der frühere japanische Premierminister **Kōki Hirota** [6] und der russische Präsident **Wladimir Putin** [7] haben beide am Kōdōkan trainiert. Jigorō Kanō selbst war zwiegespalten angesichts der Tatsache, dass Judo zum Wettkampfsport wurde: Für ihn war Judo nicht einfach nur ein Spiel, sondern »Lebensprinzip, Kunst und Wissenschaft«.

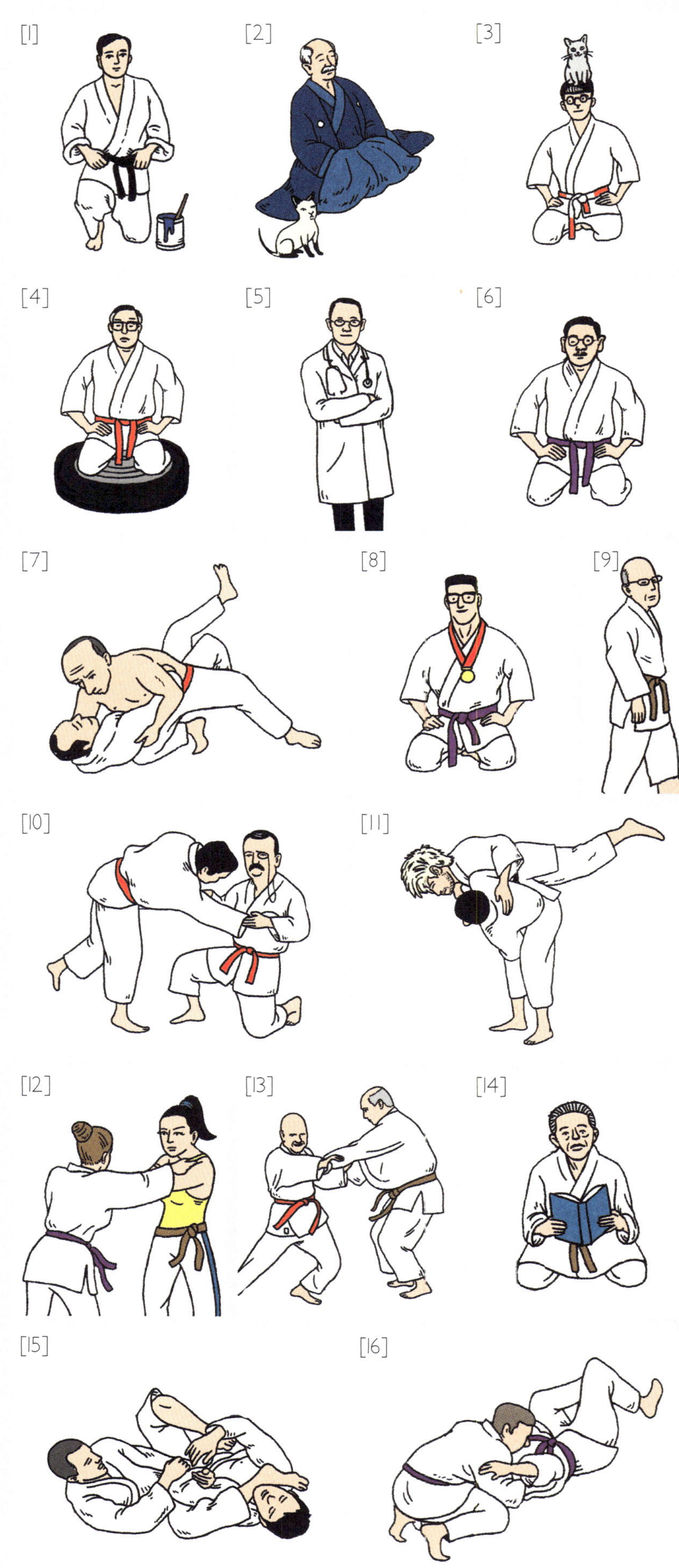

Außerdem zu entdecken: Olympiasieger und Judoweltmeister **Anton Geesink** [8], der königliche Judo-Fan **Albert II., Fürst von Monaco** [9], der begeisterte Judoka **Theodore Roosevelt** [10], **Simon Le Bon** [11] und **Mel C alias Sporty Spice** [12], der britische Politiker und Judokämpfer **William Hague** [13], der japanische Schriftsteller **Yasushi Inoue** [14], eine Rangelei zwischen **zwei hochklassigen Kämpfern** [15] und **zwei Träger des roten Gürtels im verbissenen Kampf** [16].

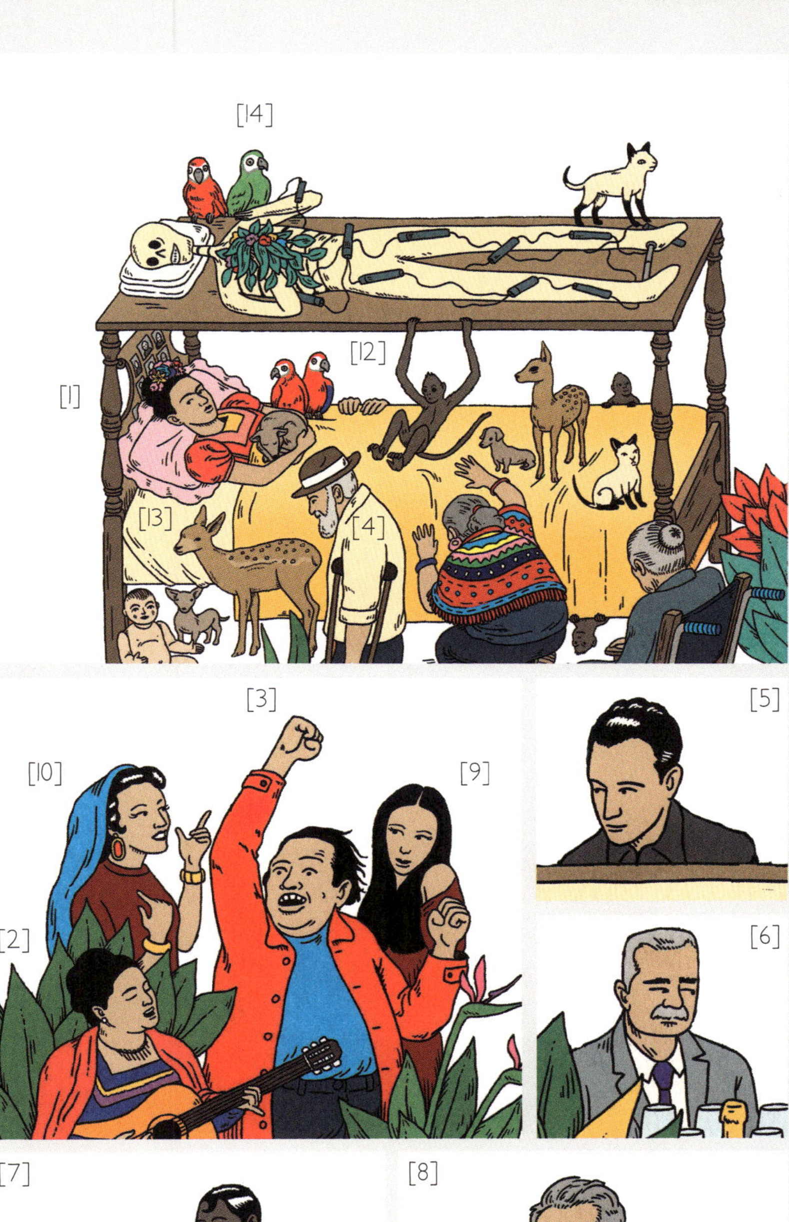

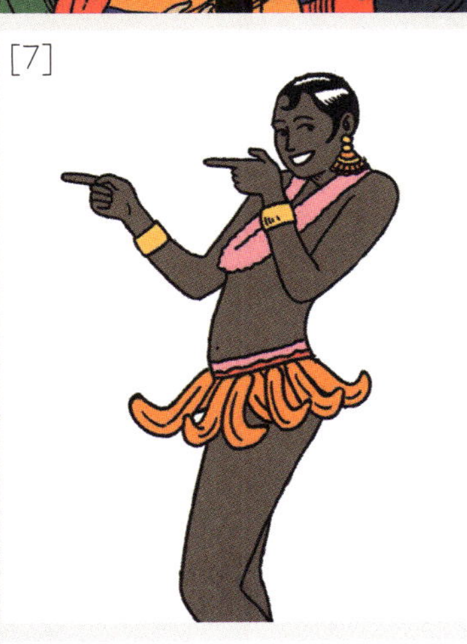

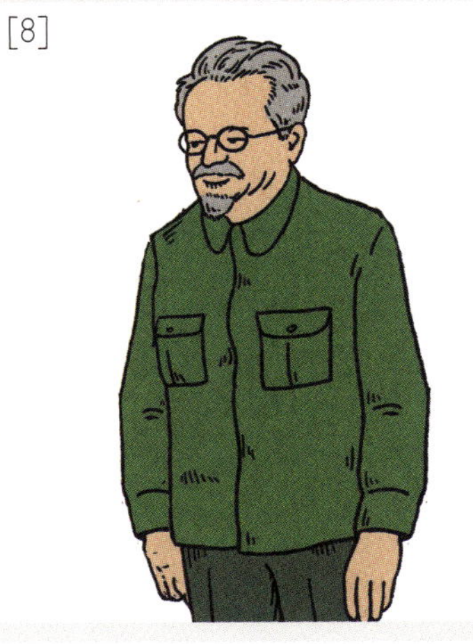

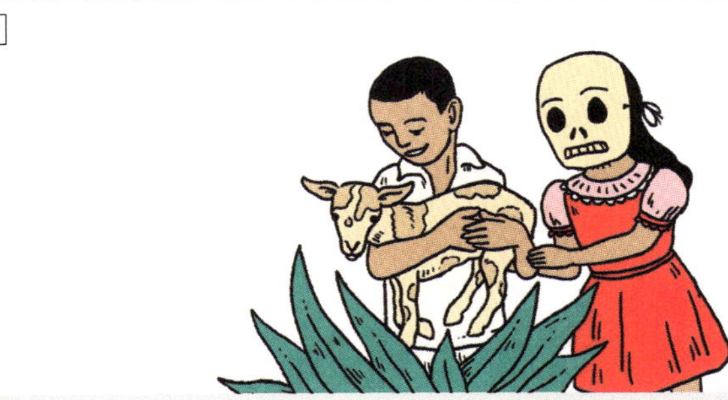

DIE ERÖFFNUNG DER FRIDA-KAHLO-RETROSPEKTIVE IN DER GALERÍA DE ARTE CONTEMPORÁNEO

Am 13. April 1953 wurde in der Galería de Arte Contemporáneo in Mexico City eine große Retrospektive eröffnet, die das Werk von **Frida Kahlo** [1] zeigte. Kurz vor der Vernissage erkrankte Frida Kahlo schwer, und ihr Arzt verordnete ihr strengste Bettruhe. Jedermann wusste, dass ihr Tod nicht mehr lange auf sich warten lassen konnte, doch Frida war fest entschlossen, die Eröffnung zu besuchen. Beflügelt von ihrer gewohnten Starrköpfigkeit ließ sie sich mit dem Krankenwagen hinfahren und wurde auf einer Bahre in die Galerie getragen, wo sie von ihrem Himmelbett aus den Vorsitz über den Abend führte. An diesem Abend war es Frida, nicht die Kunst, die ausgestellt war.

Andy Warhol und Frida Kahlo ähnelten einander in vielerlei Hinsicht. Beide waren als Kinder kränklich. Und beide durchlebten im Erwachsenenalter entsetzliche Traumata (Warhol überlebte 1968 ein Attentat, und Frida wurde 1925 Opfer eines beinahe tödlichen Verkehrsunfalls, in dessen Folge sie für den ganzen Rest ihres Lebens ans Bett gefesselt blieb). Die beiden Künstler waren außerdem Berühmtheiten. Beide steuerten sie die Art und Weise, wie ihr jeweiliges persönliches Bild zur Ikone wurde: Warhol mit Lederjacke, silbern gefärbter Perücke und ausdruckslosem Gesicht, Frida Kahlo mit ihrem Folklorekleid, zusammengewachsenen Augenbrauen und Damenbart. Trotzdem kann man sich keine unterschiedlicheren Auftritte denken. Warhol präsentierte sich selbst als einen emotionslosen Automaten, während Frida sich als die allempfindende Heldin des Leidens und des Traumas gab.

Frida Kahlos Vernissage war kein elitäres avantgardistisches Kunstereignis. Ein Freund von ihr meinte, »Gott und die Welt« seien dort gewesen. Die kommunistische Aktivistin und Sängerin **Concha Michel** [2] sang alte Volkslieder. Fridas Ehemann **Diego Rivera** [3] hielt eine feurige Rede. Alte und Gebrechliche standen Schlange, um sich von Frida, dem Inbild allen Leids, segnen zu lassen. Der legendäre Maler und Vulkanforscher **Dr. Atl** [4] witzelte mit Frida herum, dass sein amputierter Fuß durch ihren Segen vielleicht wieder nachwachsen würde. Ihr Freund **Manuel Rodríguez Lozano** [5] wanderte traumverloren durch die Menge.

Frida war ein Gruppentier; sie brauchte Menschen um sich wie die Luft zum Atmen. Ihr Leben lang war sie Mitglied der Kommunistischen Partei. Ärzte waren ein fester Bestandteil ihres Lebens. Ihr amerikanischer Arzt und Vertrauter **Dr. Leo Eloesser** [6] war überzeugt, sie habe die psychische Neigung, sich immer wieder in Ärzte zu verlieben. Während ihrer Ehe mit Diego Rivera hatten beide zahlreiche Liebschaften. Bekannt sind Fridas Affären mit **Josephine Baker** [7] und dem Exilkommunisten **Leo Trotzki** [8]; Diego hatte Verhältnisse mit den Filmstars **Dolores del Río** [9] und **María Félix** [10].

In Fridas Kunst spiegelt sich die Widersprüchlichkeit ihres Lebens. Die Künstlerin sagte einmal: »Ich denke häufig an den Tod.« Die längste Zeit ihres Daseins war sie bettlägerig, doch sie klammerte sich an jedes Zeichen des Lebens, das sich ihr bot, und verkörperte es mit Leidenschaft. Da sie selbst keine Kinder bekommen konnte, vergötterte sie ihre Nichte **Isolda** und ihren Neffen **Antonio** [11]. In ihrem Garten wucherten üppige Pflanzen und Bäume, deren Früchte sie in den leuchtendsten Farben malte. Und sie malte ihre geliebten Tiere: den Affen **Fuang-Chang** [12], ihr Reh **Granizo** [13] und ihren im Grunde unausstehlichen Papagei **Bonito** [14]. Der Eröffnungsabend war ein großes Fest. Ihr Mann erkannte später, dass es »ihr Lebewohl ans Leben« war. Frida starb im folgenden Jahr.

GROOVY BOB UND DIE LONDONER KUNSTSZENE

Robert Fraser [1] alias Groovy Bob ist eine vergessene Galionsfigur der Londoner Kunstszene der Swinging Sixties. Er betrieb in den 1960er-Jahren eine wegweisende Galerie in der Duke Street 69, die der Architekt Cedric Price für ihn gestaltet hatte. In seiner Wohnung in der Mount Street ging die Avantgarde ein und aus.

Im Sommer 1966 reiste Andy Warhol mit seinem Gefolge (darunter **Nico** [2] und der Filmemacher **Paul Morrissey** [3]) nach London. Er traf sich mit Groovy Bob und zeigte seinen neuesten Film *Chelsea Girls* in Frasers Wohnung. Bob bat **Paul McCartney** [4], seinen Filmprojektor vorbeizubringen. »Also brachte ich ihn rüber, und in der Wohnung waren ungefähr 50 Leute, die alle auf dem Boden lagen. Das ganze Warhol-Umfeld war da. Wir führten den Film vor, bis sich jemand über den Krach beschwerte und die Polizei kam.« Laut der Rocklegende **Keith Richards** [5] scharte Fraser »die besten und vielversprechendsten Leute« um sich. In der Mount-Street-Szene mischten sich berühmte Rockstars, darunter die Beatles, **Marianne Faithfull** [6] und die Rolling Stones, mit hippen Adeligen wie **Prince Stash** [7] oder **Alice** [8] und **Julian Ormsby-Gore** [9], und schöne Frauen wie **Anita Pallenberg** [10] und **Chrissie Shrimpton** [11] trafen auf Lebenskünstler aus dem Londoner East End. Einige der adligen Gecken waren in der Modebranche unterwegs: **Sir Mark Palmer** [12] führte eine der ersten Agenturen für männliche Models, während **Michael Rainey** [13] und der Guinness-Erbe **Tara Browne** [14] in ihren neuen Boutiquen dekadente Dandy-Mode verkauften und Rockstars in verschwenderischen Samt, wallende Pelzroben und Maßanzüge kleideten. Mit einer Prise altmodischer britischer Manieren gelang es Groovy Bob stets, dem Ganzen Form zu verleihen: Als am Abend von Andys Filmvorführung die Polizei anrückte, hielt er die Beamten mit seinem Charme an der Tür auf.

Bob hatte eine besondere Begabung, Menschen und Ideen miteinander in Kontakt zu bringen. Er führte die allerneueste amerikanische Pop-Art in London ein und vertrat als Galerist die Vorreiter zeitgenössischer britischer Kunst, darunter **Bridget Riley** [15], **Peter Blake** [16] und **Richard Hamilton** [17]. Er machte Paul McCartney mit Peter Blake und Jann Haworth bekannt, der für das legendäre Cover von *Sgt. Pepper's Lonely Hearts Club Band* verantwortlich zeichnet. Bob hatte Charme und einen scharfen Blick für gute Kunst. In seiner Galerie in der Duke Street summte es wie in einem Bienenstock: Mal begegnete man **Eduardo Palozzis visionären Robotern** [18], mal entließen **Yoko Ono und John Lennon** [19] gerade 365 schneeweiße Ballons in die Luft. Lebende Legenden der britischen Kunst – Ikonen wie **David Hockney** [20] und **Francis Bacon** [21] – ließen sich dort blicken. Und **David Bailey** [22] kam vorbei und fotografierte die Szene.

Doch Bobs Universum stand auf wackeligen Beinen. Im Februar 1967 wurden er und **Mick Jagger** [23] wegen Heroinbesitzes festgenommen – Richard Hamilton schoss das denkwürdige Foto, das Fraser und Jagger zeigt, wie sie mit Handschellen aneinandergekettet auf dem Rücksitz eines Streifenwagens sitzen. Beide wurden schuldig gesprochen; Jagger wurde begnadigt, doch Fraser saß vier Monate im Gefängnis Wormwood Scrubs in Haft.

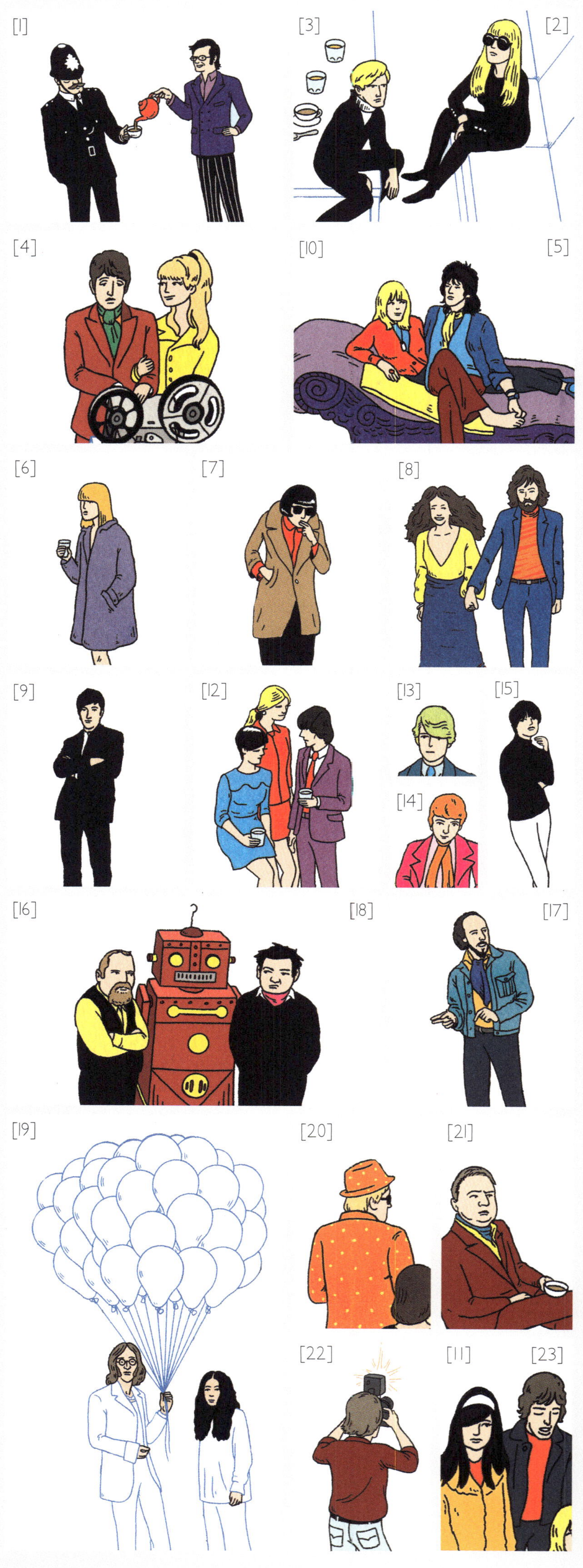

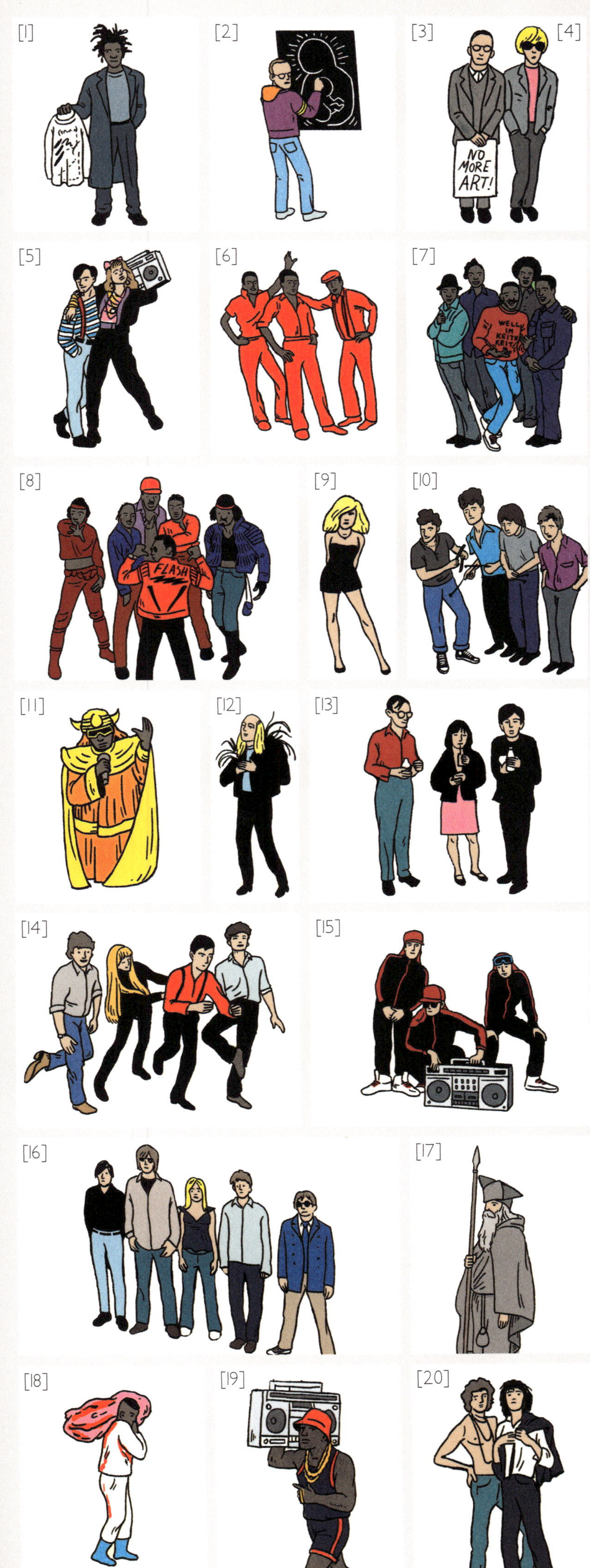

BASQUIAT IM WASHINGTON SQUARE PARK

Das New York der 1980er-Jahre war ein kultureller Schmelztiegel. Der wirtschaftliche Kollaps der Stadt ließ die Mieten in den Keller gehen und festigte die künstlerischen Ambitionen der jüngeren Generation. Eine bis dato unsichtbare künstlerische Avantgarde wurde aus dem Schatten der U-Bahn-Schächte in die Galerien der Lower East Side gespült und schwemmte hybride Graffiti-Künstler wie **Jean-Michel Basquiat** [1] und **Keith Haring** [2] mit. Als Basquiat Ende der 1970er-Jahre in der Szene auftauchte, schlief er noch auf den Parkbänken am Washington Square Park, wo er seine Street Art, graffitibemalte T-Shirts und Postkarten verkaufte.

Basquiat war von Anfang an auf Ruhm und Ansehen aus. Eines Tages sprach er Andy Warhol an, der gerade in einem Restaurant in Soho zu Mittag aß, und versuchte, ihm eine seiner Postkarten anzudrehen. Das Interesse an Basquiat wuchs und war schnell sehr groß. Der Konzeptkünstler und Musiker **Henry Flynt** [3] fotografierte in Lower Manhattan Basquiats berühmten Street-Tag SAMO© (den Basquiat zusammen mit seinem Freund, dem Graffiti-Künstler Al Diaz, entwickelt hatte). Ein paar Jahre später, im Dezember 1981, porträtierte der Kunstkritiker **René Ricard** [4] in einem Artikel im *Artforum* Basquiat als »The Radiant Child«, das Enfant terrible der Kunstwelt. Andy Warhol fuhr jedenfalls fort, mit Basquiat zusammenzuarbeiten. 1984 fotografierte er Basquiat im Washington Square Park. Und eine Zeit lang war Basquiat mit **Madonna** [5] zusammen.

Unter die Subway-Künstler mischte sich ein Schwung innovativer Hip-Hop-Musiker - darunter the **Treacherous Three** [6], **Funky 4+1** [7] und **Grandmaster Flash and the Furious Five** [8]. Das reiche Uptown prallte auf Downtown, als New-Wave-Künstler wie **Debbie Harry** [9] den Hip Hop ausschlachteten und sich dessen Rap-Elemente und den Stil aneigneten (Basquiat hatte einen Cameo-Auftritt in Debbie Harrys Video »Rapture«), während gleichzeitig die Hip-Hop-Musiker den No-Wave-Künstlern von **Liquid Liquid** [10] ihre Breaks abkupferten. Im Elektro-Rap von **Afrika Bambaataa** [11], der ein ganzes Genre prägte, ging die kulturelle Offenheit noch weiter unter die Oberfläche. Die stetig wachsende Szene zog kulturelle Ikonen wie den Briten **Brian Eno** [12] an, der New Yorker No-Wave-Musiker wie Arto Lindsays **DNA** [13] in seine *No New York*-Compilation presste und sich an die **Talking Heads** [14] hängte.

Diese New Yorker Szene gebar Legenden wie die **Beastie Boys** [15] und **Sonic Youth** [16], aber ihr bleibendes Vermächtnis waren keine einzelnen Künstler, Musiklabel oder Filmemacher, sondern ein beachtlicher Ausstoß von Talenten.

Außerdem zu entdecken: Ein **sonderbar gekleideter Parkbesucher** [17], ein **New Yorker Metzger auf dem Weg zur Arbeit** [18], ein **Breakdancer mit einem Ghettoblaster auf der Schulter** [19] und **zwei sorgfältig durchgestylte Szenegänger** [20].